成就作者代表作
让阅读更有价值

华为饱和攻击营销法

孟庆祥 〉〉〉〉 著

北京联合出版公司
Beijing United Publishing Co.,Ltd.

图书在版编目（CIP）数据

华为饱和攻击营销法 / 孟庆祥著. —— 北京：北京联合出版公司, 2021.4（2021.8重印）

ISBN 978-7-5596-4562-3

Ⅰ.①华… Ⅱ.①孟… Ⅲ.①通信企业—企业管理—营销管理—经验—深圳 Ⅳ.①F632.765.3

中国版本图书馆 CIP 数据核字（2020）第 175822 号

华为饱和攻击营销法

作　　者：孟庆祥
出 品 人：赵红仕
选题策划：布克加BOOK+
策划编辑：李俊佩　余燕龙　叶　赞　王留全
责任编辑：云　逸
封面设计：王喜华
内文排版：薛丹阳

北京联合出版公司出版
（北京市西城区德外大街83号楼9层　100088）
北京联合天畅文化传播公司发行
北京美图印务有限公司印刷　新华书店经销
字数188千字　889毫米×1194毫米　1/32　10.25印张
2021年4月第1版　2021年8月第5次印刷
ISBN 978-7-5596-4562-3
定价：68.00元

目　录

序　言 001

一线呼唤炮火　002

多路径、多梯次进攻　003

提高进攻强度　004

精确管控　005

上篇　华为营销方法论

第一章　华为营销的故事　009

第一节　创业初期　012

第二节　国内发展　021

第三节　全球发展　031

第四节　多元化拓展　040

第五节　华为手机营销　051

第二章　华为营销思想　061

第一节　建立市场导向的文化　063

第二节　饱和攻击　067

第三节　理解销售，树立信心　074

第四节　一线呼唤炮火的体系　077

第五节　建立压力传递系统　084

第六节　四个关键要素　089

第三章　华为营销组织　095

第一节　先建组织还是先作战　096

第二节　销售组织　100

第三节　华为铁三角的故事　110

第四节　学习型组织　121

第四章　华为营销方法　129

第一节　九招制胜　129

第二节　客户关系管理　135

第三节　理解产品　139

第四节 "一五一工程" 144

第五节 "五环十四招"详解 152

第六节 做计划与打项目 158

第七节 销售会议 166

第八节 销售的激励 169

第五章 到处都是饱和攻击营销法 175

第一节 争夺红利 178

第二节 从诱饵到成交 185

下篇 OVIT 万物营销法

第六章 万物营销的方法论 195

第一节 万物营销 195

第二节 OVIT 营销方法论 205

第七章 机会是关键 219

第一节 宏观机会 220

第二节 销售机会 228

第八章　价值是基础　233

第一节　准确理解用户需求　234

第二节　判断创新产品的价值　241

第三节　放大成熟产品的价值　249

第四节　蓝海找场景，红海找卖点　256

第五节　96 分的产品观　268

第九章　信息是手段　275

第一节　信息的三个特征值　275

第二节　商品成交所需的信息量　283

第十章　信任是目标　297

第一节　获取信任　298

第二节　品牌就是相信　305

第三节　是否应该追求品牌溢价　312

第四节　销售晋级三阶段　316

序　言

　　市场经济利用人们对金钱的追求来推动生产和交易，造成供过于求，而过分的竞争则让销售变得困难。如何在激烈的竞争中尽可能销售成功，卖出尽可能多的东西？最根本的方法就是提高销售强度，即饱和攻击营销法。

　　华为在好几个不同的行业都取得了辉煌的业绩，其成功营销的核心思想就是饱和攻击。军人出身的任正非多用军事术语比喻市场营销工作，比如重装旅、班长的战争、训战结合、山头项目、饱和攻击、范弗里特弹药量等，都是华为内部常用的术语。

　　饱和攻击，顾名思义就是在营销上尽量提高强度，加大投入，直至成功。营销不成功多半是强度不够，不足以突破用户的防线。投入没有达到成交的阈值，不足以战胜竞争对手，得到订单，而饱和攻击可以明显提升销售业绩。需要说明一下，在本书中，营销和销售是不做区分的，文中哪个词更自然就用哪个词。不过，接受饱和攻击的营销思想是容易的，重点在于如何才能做到饱和攻击？饱和攻击具体有什么样可操作的办法？本书总结了以华为为主、许多销售强悍的公司的营销实践——饱和攻击营销法，它由四个关键的部分组成。

一线呼唤炮火

销售是很多公司收入的唯一来源，所有部门的工作都是为了最终能销售出去产品或服务，这个道理很简单。在实际运作中，每个部门都有自己的核心职能，尤其是产品研发部门，有自己的路标和规划。那么，其他部门对于销售部门提出的过量需求如何应对呢？尤其那些需求当中不可避免的有大量伪需求和个别需求，如果满足这些需求，则可能会影响产品开发。

怎么处理部门之间彼此独立又相互联系的问题？华为的方法就是在产品研发上以客户需求为中心，在实际操作上以销售为中心，前方作战勇猛，后勤保障充足。由于都面向市场一线，华为很多部门对市场情况理解深入，产品很快就能够迭代到更符合用户需求。

举个例子，华为的产品研发经理并不是总在研究室搞开发，他还会花大量的时间去销售一线，辅助产品推广，听取用户实际需求，解决销售障碍。这样一来产品满足用户需求的迭代速度就非常快，产品会从一个丑小鸭迅速进化成白天鹅。

华为许多部门对市场的理解不仅停留在听取市场部汇报，他们都会到销售一线去得到一手信息，理解真实的市场状况和用户需求——"让听得见炮声的人呼唤炮火"。

华为坚持以市场销售为导向，慢慢地就形成了以销售为中心的文化。这样一来，各个部门之间的协调就容易多了，在实战中也形成了整体作战的各种方法。

多路径、多梯次进攻

营销是要立竿见影解决实际问题的，多路径、多方法营销是饱和攻击的进攻途径。

举个例子，华为的竞争对手在销售电信设备时，都是以客户经理为中心的单线作战模式，而华为在新产品拓展阶段多了一个"尖刀连"，专门负责拓展指定的产品。这样一来，弱势的新产品避免了成熟产品的马太效应，新产品进入市场的速度就会非常快。

华为手机也有很多的品种，最早也是采用开拓多路径的销售方法的，等到竞争对手也学习华为多路径销售时，市场开拓的机会窗口早已关闭。探索多路径、快速学习行业先进经验的习惯已经融入华为的文化之中。

华为轮值董事长徐直军曾经讲："我们围绕管道战略加大投入，战略上不会错，方法上要多种方法，不要排斥。不要只赌一种方法，小公司才会赌一种方法，因为他投资不够，赌对了就赢了，大公司资金充足，为何不采用多种路径？某一种路径'失败'了，也会给我们培养了很多人。"多路径探索成功之道，一旦市场上证明了某个方法有效，就会迅速形成复制，扩大影响面，结出更多胜利果实。

提高进攻强度

"杀鸡要用牛刀""投入范弗里特弹药量进攻""我们要打开城墙缺口，我不在乎你是一发炮弹炸开的还是六发炮弹炸开的，我要求的就是打开城墙，冲进去占领这个城市，那里有多少财富呀！"这些都是华为人耳熟能详的话语。

很多公司的奇迹都是靠提高营销强度创造的。在电视广告红利时代，勇敢砸钱做广告成就了很多企业。近几年许多行业搞会销[1]，其本质也是通过让目标顾客参会的方式，用高强度的信息轰炸达到成交的目的。

各个行业都有提高营销强度的方法，大客户营销提高营

---

[1] 会销：全称会议营销，指通过寻找特定顾客，通过亲情服务和产品说明会、展会的方式销售产品的销售方式。

销强度的方法主要是通过组合套路增加用户接触点，在每个接触点上都做细、做透。大客户营销通常都有参加展览会、公司参访、客户接待等环节，善于高强度营销就会利用这些机会，在每个环节上都比对手得更高的分数，把竞争对手比下去，达到最终夺单的目的。

精确管控

提高营销强度通常会增加营销投入，这就要靠精确管控获取利润。在大客户营销中，大多数订单都是竞争性定价模式，如何控制好每一单的价格，需要一套系统的方案。优秀的营销公司会分级管理，在战略上制定策略，实现"既高产粮食，又增加土地肥力"的目标。

不同的产品有不同的竞争策略，不断地攀升制高点，根据产品和区域的不同情况，实现"一国一策""一品一策"。

提升营销水平需要企业高层有战略思想指导，中层把思想变成具体作战方法，基层员工努力想办法，在实践中不断摸索、创造切实可行的方法，让每个员工都发挥出他的能量，越解放更多的生产力，就越能创造好的销售业绩。

上　篇

华为营销方法论

第一章

华为营销的故事

2017 年 9 月 15 日，我在华为接待一家参访华为的游戏企业。这家企业的老板也是华为前员工，辞职创业取得了巨大成功。游戏公司老板安排手下年轻的管理者们走进华为，目的就是要让他们开开眼，学一学华为公司的气质。

这一天是华为公司注册成立 30 周年的日子，但是公司像往常一样，没有任何庆祝、发文。华为就是有这样一种气质：专注于商业本身，不搞繁文缛节，只搞他们认为有用的事。华为每年大会时高层领导都搞工作作风宣誓，共八条，其中第六条是："我们反对文山会海，反对繁文缛节。学会复杂问题简单化，600 字以内说清一个重大问题。"

华为也会搞仪式，但仪式要有明确而实在的目的。1996年，华为为了让市场部早期的功臣、元老从管理岗位上撤下来，换上更有知识、更有能力的人当领导，就搞了一个市场部干部辞职大会，所有干部都辞职，然后重新任命上岗。这个仪式给华为立下了一个干部能上能下的规矩，对华为领导层能够不断地新陈代谢起到了非常关键的作用。2000 年，为了扭转研发部门闭门造车、不贴近市场的风气，在深圳蛇口搞了一场研发部"呆死料"大会。2012 年，为了提拔研发体系的年轻人，又搞了 2000 名研发将士奔赴市场的出征大会。公司发个文、开个简单的会议，也能搞定这些事。但这些仪式不是多余的，仪式可以让员工热血沸腾，对深入贯彻最重要的思想、统一行动非常重要，善于搞仪式的公司更有活力。

1987 年 9 月 15 日注册的华为技术有限公司，开始就是一个二道贩子，俗称"倒爷"——当年市场经济刚开始积累一段时间，二道贩子是市场经济的先行者，对市场最敏感。华为创业时期，市场上倒爷满天飞，华为也是其中一员。

当时注册公司最低要 2 万元，任正非自己有 3000 元，又找了 6 个人，凑了 21000 元，注册了华为公司。其他出资者并没有一起创业，他们的信息也无从查找。据任正非在 2019 年接受媒体采访时讲，后来出资者的钱都高价归还给他们了。

虽说叫技术有限公司，但华为一开始是没有技术的，而是倒腾各种东西找饭吃，据华为原副总裁刘平回忆道，最初创业时华为还卖过减肥药。后来任正非在辽阳的一个战友告诉他，倒卖小型电话交换机可以赚钱。这个机缘让华为走到了通信领域，30 年后，华为成为中国商业史上的一个奇迹。

1988 年，中国 GDP 超 1 万亿人民币，你可以大致想象当时的经济情况，当时做 1 元钱的生意像现在做 100 元钱的生意一样难。华为公司成立时，通信市场刚刚起步，根据国家统计局发布的《关于 1990 年国民经济和社会发展的统计公报》，1990 年"全年完成邮电业务总量 80 亿元，比上年增长 24%。邮政快件、特快专递、传真、国际港澳电话等业务的增长幅度都超过 20%。年末城市市内电话达到 520 万户，比上年末增长 22%，程控电话已占市话总容量的 43.5%。"当时邮政加电信的总业务量还不到今天电信收入的 1%。

　　华为的发展也像其他伟大的公司一样，首先是抓住了电信业大发展的历史机遇。1988 年是改革开放第十年，经过一段时间的积累，中国进入了快速发展期。就像今天的很多机遇一样，当时能够看到电信业大发展的公司也很多，谁能杀出重围，成为最后的胜者才是关键。

　　华为从代理电信设备起家，一开始就种下了重视营销的基因，并且一直保持到现在。在市场高速成长的环境下，一般都会有善于营销的公司脱颖而出。华为的过人之处就是一直没有被胜利冲昏头脑，靠强力营销牵引企业发展的同时，也一刻不停地增加产品竞争力，形成了产品力和营销力循环的竞争优势。

　　2018 年，华为发布了《华为公司人力资源管理纲要 2.0》，总结了过去 30 年公司发展的总体情况，把公司发展分成四个阶段。本书就按照这四个阶段讲述华为营销发展的脉络。

第一节   创业初期

1987—1992 年是华为的创业初期。华为在这一时期完成了由代理公司向自有产品公司的转变，积累了原始资本。到 1992 年年底，华为公司员工总数达到 250 人左右，销售额达到了 1 亿元。从 1988 年开始营业算起，这些用了四年时间取得的成果并不算出众，但那个年代和现在完全不同——市场没有那么大，1988 年的全国 GDP 相当于 2019 年的百分之一。国家没钱，金融业不发达，私营公司更是只能靠利滚利的方式经营。

华为创业时期抓住的是电话行业大发展的风口，当时电话交换机需求比较旺盛，全国有 300 家以上的电话交换机代理商，向许多单位兜售产品。

小型电话交换机和大型电话交换机的销售对象是不同的，小型电话交换机在宾馆、医院、企业等只要有转分机的地方，就有需求。所以需要小型交换机的客户非常多，小型代理商也可以靠一个小市场生存。

华为最初代理别人的小型交换机时，市场虽然也竞争激烈，但利润还是比较丰厚的。通过销售代理产品完成初步的资本积累之后，华为开始研制自有产品，这是华为历史上最重要的一次蜕变。小富即安、胸无大志的企业一般无法完成这种惊险的一跳。

代理产品的公司或者渠道基本上考验的是他们的纯营销能力，大家都从原厂家拿同样的货，就看谁有本事卖出去更多。

华为别出心裁地在产品包装盒上印上了两句广告语："到农村去，到农村去，广阔天地大有作为。""凡购买华为产品，可以无条件退货，退货的客人和购货的客人一样受欢迎。"

这个简单的广告语也反映了那个年代的特征，体现了华为公司经营中最朴实的理念。"广阔天地大有作为"是"60前"的人都知道的一句口号。而后一句口号是很朴素的客户意识，这个意识后来发展成了"以客户为中心"的核心价值观，而这一价值观是指导产品开发和销售的最高法则。

在华为内部，我们都叫任正非为"老板"，明显是广东、香港风味的称呼。老板大学毕业后就业于建筑工程单位，1974年应征入伍成为基建工程兵。1983年，国家整建制撤销基建工程兵，任正非转业到深圳南海石油后勤服务基地。后来他回忆这段经历时说，刚从部队转业回来，根本不懂市场，在接受采访时说："怎么能赚人家钱呢？赚人家钱都是很不好意思的事。""把钱给人家，人家就应该把货给我们，我们先把钱给人家，有什么不可以的？"这种想法让他吃了一次亏，钱付给了对方，对方却不给货，这件事很可能也间接促成了他后来辞职创业。

柳传志创办联想早期，有人说可以买到彩电，于是他就给了对方 20 万块钱，收到钱后那人就消失了，柳传志一夜之间急白了头。后来他说："我这个人有个缺点，就是容易轻信别人。"柳传志和任正非同岁，在相信别人这一点上有共同之处，这可能跟经商能力也有一定的相关性——前怕狼、后怕虎，不敢冒险的人是很难抓住商机的。

任正非长相极其憨厚，他的性格之中也有很憨厚的一面，这样的人有某种难以描述的人格魅力。销售员的素质模型就是要既憨厚又精明。人家一看你那么精明，肯定不愿意跟你做生意；你要是真憨厚，也做不成生意。我在华为看到的优秀客户经理，有非常多的人都是属于又憨厚又精明的模样。

华为是一家白手起家、没有背景、无法借力的公司。在 20 世纪 90 年代初期，由于国内通信设备市场需求十分旺盛，通信设备虽然有一定的技术门槛和专业性，但也不是特别难，所以很多公司迅速完成了从代理外国产品到自研产品的转变。当时最突出的四家分别是巨龙、大唐、中兴和华为，人称"巨大中华"。除了华为，另外三家都有一定的技术基础，巨龙源自于解放军通信工程学院，大唐电信集团是邮电部第 10 研究所的附属企业，中兴通讯有航天工业部的股份和技术支持。

其他三家通信设备公司在早期比华为有一定的优势，华为后来居上成为领头企业是有制度方面原因的。相比国有企业，私营企业的最大特点就是自由，没有条条框框。但自由不等于优势，要想建立一套适应企业发展的规矩，绝非易事。

华为制度的核心就是激发了全体员工的干劲。

任正非是一个天生的鼓动者，一个老市场人员说，老板的大优势就是他想搞定谁，分分钟就能搞定。郑宝用是华为从代理商转自主研发产品的关键人物，毕业于华中工学院（后改成华中科技大学），在校期间成绩优异，毕业留校任教后很快就取得了不少科研成果，后来去了清华读博士。任正非从他同学那里打听到这个人才，赶紧去挖人。有一次，我问郑总，老板怎么把你忽悠来的？他说，老板太能吹牛了，在清华读博士读了几个月也觉得没啥意思，就过来看看，一来就走不了了。

郑宝用于 1989 年来到华为，他最早立的功不是研发产品，而是解决了华为代理产品的一个技术问题。那时候华为代理的小型交换机产品有点问题，郑宝用分析之后，很快发现了症结，然后他在交换机的线路板上焊上一个电阻，故障就被排除了。后来市场逐渐认识到虽然大家都是买同样的小型交换机，只有从华为买的就不会出故障，于是出现了从华为买的交换机不出问题的传说，华为的代理产品因此销售火爆。据说原厂商怕店大欺客，有意给华为减少供货，这是华为不得不迅速研发自有产品的一个原因。

动员能力再强，也不能持久地激发员工干劲，最关键的地方是老板比较大方，肯给钱。从华为出来的员工去其他公司打工，一个相同的评价是没有见过比老板更大度的人。任正非本人也说过，华为能搞企业与他不自私有一定的关系。

　　尽管竞争激烈，但电话交换机是一个热门产品，有一定的技术门槛，能够较长时间持续赚取高额利润。华为早期的员工表现稍好的，最多半年，甚至每个月都可能涨工资。1999 年 3 月，我刚加入华为时，工资是 5000 元，作为社招员工，这个起薪属于偏低的。但由于我的业绩很好，到了 1999 年年底，我的工资就涨到 12000 元了。1999 年的华为已经有 12000 名在职员工了，公司还能这么大幅度地给员工加薪，这是华为公司发展最主要的动力之源。

　　风险投资的创业模式兴起之后，对华为早期利滚利的发展模式不容易理解。比如，互联网服务开始都赔钱，到了一定的规模才赚钱，所以几乎所有的互联网公司都依赖于风险投资起家。华为起步的那个年代，美国都不怎么流行风险投资，在中国就更不时兴了。所以，那个年代的生意想要做下去，必须一开始就赚钱，这也在客观上减弱了竞争强度。由于任正非胸怀大志，不会小富即安，在没有风险投资、又很难得到贷款的情况下，通过滚雪球的方法，把赚的钱投入到扩大再生产中去是企业向前发展的唯一方案。

　　又要把钱分给大家，又要解决扩大再生产的资金，这就自然产生了华为内部人员持股制度。最早期的华为员工虽然工资挺高，实际上拿到手里的只是一部分，到了年终，扣下的工资和年终奖都转换成了股票，在公司内部叫配股。股票的分红到了年终也只是一个账面财产，公司又增发了更多的股票。直到 2000 年左右，华为的年销售额已经达到了 200 亿元，还是沿用了这种发展模式。

当时已经有不少人质疑说华为这是不是非法集资，甚至竞争对手还告发了华为，导致华为一度被查。不过没有查出问题，保住了华为独特的制度。华为的集资模式之所以没有查出问题，主要是因为老板确实想把钱发给大家，也想获得迅速发展的资金保持经营稳健，不出大问题。

我进公司的时候，华为已经是一家有声望的大公司了，可以得到贷款，公司的股票分红远远高于贷款利息，但还是有不少人说公司发股票就是为了集资。华为股票并不是强制购买的，由于收益不错，一直都有保障，所以虽然有部分人质疑公司是在集资，但拒绝买公司股票的人却极少，行为比语言更诚实。

大量挣钱、大量发钱是华为发展的一种循环动力，对于市场销售人员来说，怎么给他们发钱更合理也是非常重要的。销售最后呈现的是很客观的财务数字，很多公司都采取了提成制的奖金分配方案，但华为并没有采取这种简单的分配方式，原因有二：第一，设备销售在不同的行业、区域明显难度不同，而且这个难度也在不断变化之中，如果搞提成制，运气占的比重就会比较大，这不合理，也不公平；第二，电信设备销售是团队行为，简单地给个人提成搞不好会影响团队战斗力。所以，华为并没有采取业界通用的简单的提成方案，而是根据销售情况，年终评出一个奖金给大家分配。

内部持股、团队目标奖金分配方法并不是华为学习其他同行经验的结果。任正非说，华为创业时期，不知道资本市场还有很多利益分配方法，这也是事实。大面积内部员工持股其实是有风险的。举个例子，假如有一年经营不善，持股员工反而赔钱——这在风险比较高的硬件设备行业是常有的事，后果也是很可怕的。所幸华为经营稳健，一直都是盈利的。

任正非创办华为时，虽然改革开放已经十年，但市场经济发展还在初期，大学生毕业了国家还包分配工作的，在这样一个计划经济向市场经济的转轨时期，怎么管理一个市场经济下的公司，全国上下都处于摸索之中。任正非以及华为早期的人员基本上没有管理公司的经验。任正非是一个悟性非常强的人，他能够把日常事务、各行各业观察到的现象、领悟的道理灵活应用于企业。孔子说："生而知之者，上也；学而知之者，次也；困而学之，又其次也；困而不学，民斯为下矣。"我觉得任正非就是孔子所说的生而知之的人——当一个人有一种寻找正确路径、方法的嗅觉，能够很好地处理许多具体问题，能够从日常生活、各种历史、现实事件中汲取精华，触类旁通，就是生而知之了。华为聘用的管理专家吴春波说华为没有秘密，无非是把一些经营管理最基本的常识做到了极致，此言甚是。但发现、选用合适的常识就是一件很需要天赋、要动脑筋的事。华为销售激励模式没有照搬业界，这需要一种洞见，需要一种对如何分配更合理的深度思考。大多数人仅仅是萧规曹随，缺乏深入思考的习惯。

合适的激励方式对销售非常重要，是激发销售员动力的燃料。任正非心中有一杆公平、大度的秤，这杆秤会给公司找到一个在各个体系之间如何分配所得，在体系之中如何分配利益的方法，并不断校准修正，最终得到一个不错的方法。

华为创业初期，老板不自私、有魅力、善鼓动，激发了战斗力，是代理商中的"小强"。挣到一些钱之后，老板慧眼识人，到处找人、挖人。开始走自研产品之路时，早期老板到处找人，招到了一些素质很高的人，他们立了战功，在老板的带领下，"以先知觉后知，以先觉觉后觉"，水平也都越来越高，成了华为公司的领导力量。历朝历代打下江山的开创者一般最后都成了最高层领导，比如汉高祖刘邦集团早期的创业元老萧何、张良等，汉光武帝刘秀的创业伙伴二十八云台将等，做出成就的大公司也是如此。人们会有一个困惑：到底是早期创业者有本事搞成大公司，还是各种因素让他们搞成了大公司，顺便就当了大领导？是英雄造时势，还是时势造英雄？真实的情况是两个方面的原因都有，老板慧眼识人，找到一堆比较牛的人才能开创事业。同时，也必须冥冥之中赶上好运气、好机遇。

不管怎么精挑细选，不可能所有的初创人员都是能力很强，都能够快速学习跟上公司发展要求的。如果进入公司比较早，并且有一定的功劳和苦劳的人员成为公司发展的阻力，怎么办？1996 年年底，华为大约有 2500 人，有 20 多亿的年销售额，但有些市场干部不足以带队伍跨越更高的台阶。为了解决这个问题，任正非搞了华为版的"杯酒释兵权"，要求所有市场干部都要交一份述职报告、一份辞职报告，如果辞职报告被批准了就不再是干部。通过这种方式，很多干部下课了，同时公司也做了思想工作，大部分下课的干部并没有离职。市场部干部的大辞职，为公司立下了一个干部能上能下的规矩，有利于选拔人才、防止组织板结，对华为的进一步发展非常重要。

在公司成立两年之后，华为就有了自己研发的产品，由于产品质量一般，所以需要研发人员到一线去做支持和推广。这样就形成了研发支持销售，以市场为导向、以销售为导向的惯例。后来华为公司将这个导向总结成"一线呼唤炮火"的销售方法，这一方法对华为产品的成功销售至关重要。

早期华为销售没有形成太多套路，主要是靠老板的动员能力与强大而合理的激励方式让销售人员拼命销售，尽量扩大再生产，很快有了一定的规模，站稳了脚跟，为后来抓住更大的机会打下了基础。

第二节　国内发展

华为创业时期，市场上主要针对两种类型的客户销售不同的电话交换机产品，第一种是卖给宾馆、医院、政府、学校等单位用的产品——小型电话交换机，华为管这种交换机叫用户机。小型电话交换机一端连着电信的网络，另外一端连着自家单位的电话机，外面打入电话需要先拨通一个总机号，再转分机号。另外一种产品就是电信局用的大型交换机，华为叫局用机。

在创业阶段，华为从低门槛、市场很分散的用户机起步，相当于从电信设备市场的边角料啃起。真正的肥肉显然是电信局用的大型交换机，1992 年，华为开始调整主攻方向，由卖小型用户机向销售局用机转变。

两种类型设备的客户对象和销售方法是不同的，用户机主要是用户自己用，规模小，要求也不高，只是一个不是特别重要的设备，采购者不可能也没有必要具有很高的专业水平。这种类型的市场主要靠关系，而靠关系的市场都比较分散——你有你的关系，我有我的关系。华为最早期的营销故事都是喝酒的故事——那个年代虽然物质已经不再特别匮乏，但请人好酒好菜吃一顿还是很重要的公关手段。后来吃饭、喝酒逐渐演变成交流场景，虽然吃饭本身的物质意义逐渐变淡了，但酒桌仍然是中国人谈生意的主要场所。华为有个办事处主任,与客人一起吃饭,客人频频向他劝酒,刚开始还行,到后来撑不住了,他想拒喝,客人急了说:"喝了这单就是你的,否则走人。"没办法,他只好喝完,结果出门就吐血了。云南有个地方,特产是竹蛆,就是一种虫子,该区域的华为销售员和当地客户吃饭,为了表示不见外,也只能硬着头皮吃,他们说虽然恶心,但为了订单也没办法。

销售局用交换机和用户机区别很大,局用交换机是电信局的生产性设备,电信局要用这个设备赚钱,而不是自己用,所以对这个设备的要求远远高于华为早期销售的用户机。运营商采购参与者也非常多,上至老总、下到机房技术人员都对采购设备有一定的影响力。生产型设备对质量要求、功能要求也高,断网、掉话都是事故,局方为了把好质量关,发明了很多方法,比如要销售的设备必须进行邮电部的测试,拿到入网证;销售之前需要做几个实验局[1]以证明设备可用。另外,采购方对设备的技术也相当内行,经常接受许多设备商的培训。这样一来就增加了销售的烦琐程度,提高了销售门槛。理解并适应采购方的采购方式才算入门,不入门就不能形成有效的销售。

电信局采购复杂的要求,对华为销售是一个升级打怪的

---

1 实验局:对于在实验室不能进行的测试和验证工作,选择典型的应用场合,在用户的实际使用环境中进行的测试的活动,称为实验局。

挑战。华为销售的第一款局用设备是 1992 年开发的 JK1000，这是一台采用模拟交换技术的交换机。当时数字交换机的技术已经成熟，模拟交换技术处于淘汰的边缘。华为肯定是根据当时的本身的技术能力以及对市场的判断，决定开发模拟局用交换机，结果产品一出来就过时了。如果沿着这个方向走下去的话，华为很快会被淘汰。

这时，1991 年年底来华为的曹贻安多次建言，要开发程控交换机。曹贻安在来华为之前见识过程控交换机，了解程控交换机的技术原理。任正非被他打动，很快开始了数字交换机的开发。

为了向电信局销售设备，要随行就市，学习这个行业的销售方法。1992 年下半年，华为在销售上做了两件事，第一件事情是成立了以推广产品、做技术交流为主要职能的部门——产品行销部。以前的销售员没有明确分工，也不怎么进行专业性的技术交流，成立这个部门其实是对标同行的售前支持部，也不是重大发明。本书后文在介绍方法论时，还会介绍这个部门。起初，产品行销部的主要任务就是和局方做技术交流，后来，产品行销部在实践中不断开拓出新的工作面，职能越来越丰富。到后来，客户经理部和产品行销部成了华为销售的两把尖刀，为拓宽设备种类立下了汗马功劳。

华为做的第二件事，就是买了一台幻灯机——并不是现在的投影仪，是放映照相机底片的装置，就好比你现在把PPT用传统相机照到底片上洗出来，再用幻灯机一张一张手动播放，类似旧时的电影放映机，只是更简单。华为也因此把PPT叫胶片，直到现在，胶片成为华为特有的词语，其他公司都叫PPT。这个细节是华为销售模式的一角，当时用幻灯片放介绍材料是先进生产力，华为在每个细节上都追求先进。

大面上，同行的组织结构、职能和华为是一样的，但做不了华为这么细、这么好。而销售的订单就是靠一点点细节积累夺下来的。华为怎么把细节做得都很好呢？就是解放了普通员工的生产力，大家都动脑筋想办法，好的、可复用的方法固化下来，再有人去改进，这不正是智力工作的价值所在吗？有一次和研发第四任总裁费敏喝茶，他说华为能否发展得好，关键看能否解放全员的生产力。当时，我只是附和了一下，后来才真正明白这句话的意思。不光是销售，研发也是一样的，许多真正好用的、有用的想法和创意，都出自基层实操人员。

华为销售的第一款电信设备JK1000并不成功，紧接着在1993年下半年就推出了一款重磅产品C&C08程控交换机。最初的机型是一款2000门的交换机，号称万门机，在浙江义乌开实验局，产品问题非常多，以至于研发团队几十个人搬到现场"守局"，现场改BUG，花几个月的时间来搞定。

从顾客的角度看，产品质量不合格都是厂商没良心，其实这只是一种可能性。厂商提升质量需要一个爬坡过程，购买方识货也需要一个过程，市场都是逐渐成熟的。市场选择机制有规律，通常开始要选择勇敢者胜出，老实人被淘汰，然后慢慢地选择诚实、守信者胜出，失信者被淘汰。

华为早期主观上很想把产品做好，但能力确实不足，时不我待，公司需要快速发展。华为着急推出 C&C08 程控交换机的原因有二。第一，要迅速解决可销售的大产品；第二，邮电部要收紧设备进网大门。后来，华为一直狠抓产品质量，研发人员日夜奋战，产品质量问题最终得到解决。电子产品的特点是最新的产品总是有更多的功能和更好的性能，所以很多企业市场销售部门冲得很猛，经常把尚未成熟的产品销售出去，用户购买后的真实使用倒成了公司测试产品的环节。这样做的好处是能拉动市场，产品销售得快，市场成熟得快，同时，研发总是在真实的市场一线完善产品，非常贴近市场和用户的需求。坏处也很明显，就是会影响品牌美誉度，而且在市场到处卖不成熟产品，研发虽然可以查缺补漏，但却极大地消耗了精力。华为并不是特例，早期很多企业都是采取这种打法来占领市场的。只是，这终究是一时之举，如果时间长了形成了习惯，对企业的长远发展来说是弊大于利的。"土匪"不转变成正规军，就做不大。

到了 2003 年左右，华为开始大规模实施研发管理流程，就是传说中的 IPD[1]。IPD 有一个主要功能就是管控产品发布。华为也意识到了市场已经十分广大，原来的习惯打法不改正，网上产品出问题影响面太大，到处救火，研发也应付不过来。再者，华为已经是大公司，一个地方设备出事故，很多客户都会知道，非常影响商誉。所以华为逐渐收口不成熟产品的发货量，改掉了过去的习惯做法，逐渐建立了产品声誉，适应了全球范围的销售。

C&C08 交换机是华为的明星产品，其推出的时间正好赶上固定电话大发展的机遇，市场需求量巨大，这款产品为华为赚取了很多钞票。华为抓住机会，大举进入了接入网、传输设备、智能网、移动通信、数据通信等所有主要电信设备市场，很快成为产品线最齐全的厂商。

电信设备销售规矩多、流程长，客户采购决策复杂，华为在适应电信设备销售规矩的同时，也发明了更多的套路和招法，创造性地解决实际销售问题。

例如，B2B[2] 销售中，接待客户是一个通用的环节，任正非就极其重视客户接待工作。1994 年，也就是进军运营商市场的第二年，华为就成立了专门接待客户的接待科，后来升

---

1 IPD：Integrated Product Development，意为集成产品开发，是一套产品开发的模式、理念与方法。
2 B2B：Business-to-Business，指一个机构将产品或服务销售给另一个机构，供其自行使用或销售给其他企业使用。

格成接待处。"科、处"这样的称谓现在人往往无感，但在那个年代或者国营体制内，则代表了级别的不同。1997 年，任正非更进一步将客户接待处升格为"部"，又说接待客户是系统工作，因此改名为系统工程部，1998 年时又改名成客户工程部，将客户的接待工作当作系统工程看待。

1999 年我刚进华为时，属于销售人员，要在客户工程部接待两批客户，在"老司机"的带领下，学习为客户服务的技巧。

客户工程部是一个专门接待客户的组织，老板又亲自抓，遇到级别高的客户，高层领导、老板本人也陪同。因此该部门自然会非常挑剔各种细节，最终越做越细，越做越好，成为华为公司销售环节的一个亮点。

2017 年，我已经退休，有一次回华为陪同接待一个大公司董事长带队的高管访团。接待饭局放在了华为自己的一个餐厅里，餐前，工作人员在餐厅外的草坪上布置了点心台，红酒、饮料、甜点一应俱全，可供双方交流时享用。正式饭局上，我穿着正装，坐在董事长边上，饭桌是一个长条形的桌子，每两个人后面都有一位身穿旗袍、样貌形象很好、气质落落大方的服务员，随时给客人提供服务。每位就餐人员面前的餐台上，都放着共 8 件西餐用的刀叉之类的餐具。我一看这餐具都是银柄的，就顺便问了我身边的服务员："这餐具的柄是镀银还是真银的？"有时我会问一些稀奇古怪无厘头的问题。这个问题服务员肯定没有培训过，回答说："可能是镀银的吧。"后来过了几分钟，服务员悄悄地跟我说："孟总，这是真银的，不是镀银的。"其实我是戴着华为工牌的，服务员知道我是自己人，是陪同人员，这个问题也就是随口说说而已，大可不必认真。但从这个细节中，我们可以感受到华为接待人员是多么的认真。其实，正餐的餐点没有什么特别稀奇的山珍海味，也不会有鱼翅、燕窝这种有争议的食品，只是一些普通的食材。但吃完饭后，客户董事长说："我们的接待比华为还是差很多，回去要好好学习，好好改。"他们也是一家近千亿元营收的私人企业。可见良好接待不在于贵，而在于细节。

虽然良好的接待不会转化成订单，但得到用户的好感，客户就会给你加几分，积跬步，至千里。通过良好接待客户，印象好几分，交流深入几分，关系增进几分，这些累计起来，就是销售的胜利，这就是华为营销模式的实操经验和精髓。

1993 年，华为顺利推出了 C&C08 程控交换机产品，但有的市场还是很难进入，因为程控交换机的使用是采用子母机部署的方式，假如 A 机房部署一个母机，B 机房连着用户部署一个子机，子母机之间的通信是私有协议，必须是一个厂商的设备，别家厂商的产品占住了母机，你的产品就很难打进去。C&C08 程控交换机出来的时候，国内主要城市的市场都被国外大型公司占据了，所以 C&C08 程控交换的销售主要还是走农话（农村通信电话）市场，农话市场的分布稀稀落落的，肯定比不了城市。为了攻打城市市场，华为公司研发了一个叫作"接入网"的设备，它一端连接用户的电话机，另外一端连接别人的交换机，可以把它理解成规模稍微大点的用户交换机。

在华为之前，接入网只是一个标准、一个概念，华为为了突破市场，把这个概念做成了产品。新概念、新型产品突破市场都是很困难的，怎样才能说服客户，让客户相信这种新型的设备可用、好用呢？1997年，华为发明了样板点打法，就是在实际网络上找一个样板网点，带着新用户去实地考察参观，有时还需要样板网点的用户出面说明，这样就更有说服力。样板点打法虽然不复杂，却很好用，解决了耳听为虚、眼见为实的问题，后来成为华为销售设备一个固定的套路——建样板点，带用户参观样板点是产品行销部的职能和流程。我初进华为时，样板点打法已经在全公司所有产品销售上采用，随着销售进展，我们部门就负责建了好几个样板点，在客户关系比较好的、有典型意义的地方，部门会派人去建样板点，有操作的主要步骤、方法指导等。公司就是用这种方式让员工都能做好自己负责的那个环节，这些环节加起来就是成功的销售。

从1993年开始主攻电信设备市场到2000年，华为销售电信设备的方法、程序已经非常成熟，花样比较多，但也不会太复杂，都在普通员工可以掌握的范畴之内。销售流程、销售漏斗、增加接触点等销售方法都完全公开透明，没有什么秘密，大家可以互相借鉴。华为能够成功的原因最主要的是销售的每个环节都做得非常好，通过专门化的分工，各司其职，做得非常优秀而已。比如，我们这个行业都要和用户做技术交流，华为对制作胶片、讲解胶片的环节非常重视，领导也参与审阅、修改，于是用于实战的胶片就越做越好。

2000 年，华为销售额已经达到 220 亿，比前一年增长了 100 亿元之多。这一年，全国邮电通信业完成邮电业务总量 4725 亿元，比上年增长 41.9%，达到华为成立时的 50 多倍。邮电通信业的倍数增长，第一是源于中国市场经济高速发展和中国市场的广大，第二是全球通信行业的集体亢奋，尤其是对互联网的追捧和鼓吹，也造成了通信行业领域的投资热潮。实际上，在高速增长的背后，泡沫已经渐渐形成。

2000 年，华为已经拥有了包括移动通信设备在内的所有电信设备，固定电话设备已经是白菜价了，用户增长也已经见顶，但移动电话需求刚进入爆发期，移动设备比固定电话设备的市场空间更大，也更赚钱。当时华为的口号是"有线（固定网络）的市场是有限的，无线的市场是无限的"，华为业绩良好，准备大干快上，招兵买马。然而，一场突然危险也在悄悄降临。

华为在这一阶段发明了各种营销套路，摸清楚了电信设备销售的规律和方法，不断总结、提炼真正能够解决销售问题的套路，对于关键的环节建立专业化的组织，不断优化，最终形成了分工协作明确、打法有秩序、操盘更可控的销售体系。

第三节　全球发展

2000 年，华为销售额依然暴涨，到了 2001 年，美国互联网泡沫的破灭波及了中国，华为扩大再生产的计划一脚踏空，2001 年销售额只增长了 5 亿元，只有 225 亿元，2002 年只有221 亿元，销售额在 220 亿元附近徘徊了三年。电信设备和其他 IT 设备一样，不断地降价，如果说销售额持平的话，利润就会下降许多，再加上扩大再生产和海外市场尚未打开销路，大量烧钱销售额却上不去，华为的资金开始变得有些捉襟见肘，此时公司内外交困，人心惶惶。2002 年，华为招了大约有 6000 名新员工，结果大家来到公司之后没事干，一个个急得团团转。公司迫不得已，把这些人下放到各地办事处干装机、开局的工作。任正非后来回忆这段经历说："2002 年，公司差点崩溃了，IT 泡沫的破灭，公司内外矛盾的交集，我却无能为力。（我）有半年时间都做噩梦，梦醒时常常哭。"

2000 年，在 IT 泡沫最高潮的时候，李一男辞职创办港湾网络，2001 年开始大量从华为挖人，这一年，从华为辞职的员工达 3000 多人，华为面临成立以来最大的危机。2003 年，华为初步度过危机，销售额增长到 317 亿元，2004 年又增长到 462 亿元。2003 年港湾网络也起势了，港湾网络成立之初和华为达成的默契是华为专注于电信设备市场，港湾网络主要开拓企业网市场。后来港湾网络觉得企业网市场分散，就像当年华为从专网转电信市场一样，还是要进攻电信设备市场，抓住宽带建设的机会。

这样一来，港湾网络就动了华为的核心利益，于是华为成立了专门的"打港办"，负责统筹打港事宜。港湾网络销售额最初大约十几亿元，但势头很猛。2003 年，华为拿出 15 亿元的战略补贴打击港湾网络，计划不惜一切代价也要把对方的销售额打压到接近于 0，各地的主管如果把有点名气的项目输给港湾网络，就地免职。"追杀"了两年多的时间，华为终于打垮了港湾网络。

很多人不理解华为为何要用如此极端的行动打击港湾网络，俗话说"本是同根生，相煎何太急"，这个理解是不对的。企业的商业行为主要是两个：解决、满足用户需求；打击竞争对手。如果华为当年不把港湾网络打垮，后者就会上市，并借助资本市场的金融武器，反过来绞杀华为。因为华为自己不上市，就少了资本市场这一重磅武器的支持，一旦到了这个地步，就会非常困难。

华为在处理竞争问题上是行家里手。它把竞争对手分成几种类型，对于威胁到华为生存和发展的对手，就下狠手残酷打击和压制；对于一般的竞争对手，则用常规的手段应对。

华为在 1996 年就派出了几个人去试水国际市场，到 1998 年时，开始成建制地开拓海外市场，建立专门组织，准备大规模进攻国际市场。最早选定的拓展目标是俄罗斯、巴西等国家，主要是考虑这些国家人口比较多，和中国发展水平相似，且处于通信市场爆发期，市场比较容易拓展。

但实际情况和想象的并不一样。1996 年华为派人去开拓俄罗斯市场，正好赶上俄罗斯经济衰退，同时，1992 年牟其中用轻工产品换回图 -154 飞机之后，激发了大量倒爷去俄罗斯销售轻工业产品，市场初期总是充斥着假冒伪劣产品，经过这一倒腾，很快就把"中国"这个品牌搞砸了，也导致华为开拓进展不顺畅。不过华为对俄罗斯市场还是寄予厚望。为了打开销路，1998 年，华为与俄罗斯电信合作，建立贝托华为合资公司。但直到 1999 年，才由于一个偶然的机会，卖给俄罗斯电信一根线缆，签了一个价值 38 美金的合同，算是达成真正意义上海外销售的第一笔订单，整个销售过程用了将近 4 年的时间。此后俄罗斯经济复苏，华为的市场开拓还算顺利，2001 年，华为在俄罗斯的销售额达到了 1 亿美金。

海外拓展也有相对顺利的市场。华为前副总裁杨蜀于 1999 年年底被委派去开拓泰国市场，2000 年年中就签了一个总额5000万美元的大合同，这是一单成本极低的移动智能网合同，以软件为主，主要是给当时泰国第一大运营商 AIS 解决移动电话预付费问题。5000万美元，华为赚得很多，但用户赚得更多。当时华为的销售方法主要是先试用不收钱，好用再收钱，再扩容。结果预付费提供的方便性，降低了使用移动电话的门槛，用户一下子暴增。华为装系统的时候，AIS 总共有200万用户，装了系统后最高峰时期，一个月就增加100万用户。这是一个非常典型的双赢方案，说明满足用户需求是销售中最重要的事。

有心栽花花不发，无心插柳柳成荫，面对陌生的市场，真实情况和预计的情况经常不一样，只有通过实践才能发现问题、解决问题。搞企业、干销售比较成功的人，不是善于推理的人，而是勇于行动的人。

国际市场销路打开之后，后面的推进就相对顺利了。到了2005年，华为全年销售收入有50%来自于海外，全年总销售额也达到了667亿元。

华为海外销售突飞猛进的原因是：

华为的产品已经在国内运营商大量使用了，产品比较成熟，有竞争力。中国运营商的网络是全球最大的，基本上也是最先进、最复杂的网络。一开始华为打不开销路是因为海外运营商对华为的认知比较低，当这种认知被改变之后，销售就比较顺利了。例如，在开拓泰国市场时，华为采用的策略是先给客户安装试用，产品不好用的话不收钱，事实很快就证明了产品确实好用，这才是关键。

华为采取了非常激进的政策倾斜。为了让大家奔赴海外拓展市场，华为给予员工很高的物质激励和升职激励，并且员工不去海外锻炼，不能提拔。在探明了市场情况之后，优秀人才跟上了，销售进展就十分迅速。2001 年，任正非做题为《雄赳赳，气昂昂，跨国太平洋》的讲话，开头说："当时的高级副总裁徐直军说：我们将市场部的干部分为三类，第一类是全世界所有地方任由公司安排；第二类是国内所有区域任由公司安排；第三类是只愿意在国内经济发达地区。我们将第一类干部作为公司优先考虑提拔的人选。在薪酬福利待遇方面，华为也采取向海外市场人员倾斜的政策，除工资和晋升之外，海外人员的奖金相当于国内同等人员的 3~5 倍。"华为要做成一件大事，能够调动全公司的力量，集中力量办大事的制度性优势非常明显。直到现在，虽然公司业务已经扩展到手机、云、企业网等多种业务，但公司的财权、人事权还是统一调度的。

时机非常好。华为拓展海外市场的时候，国外不发达国家正好进入电信大发展时期，2005 年之后，发达国家则进入了 3G 网络建设时期，网络更新换代才出现了机会窗。

华为在海外市场拓展也遇到了一些重大问题，第一个重大问题就是交付。比如国外有些小型运营商的能力不足，因此在采购设备时，需要厂商提供"交钥匙"工程，就是对方只出钱，华为要交给用户一个完整的可直接收钱的网络，但华为在国内市场没有这方面的经验，因为国内的运营商能力强，他们主要是购买设备，也不允许你交钥匙垄断他的网络。国外小型运营商在采购时，首要考虑的不是引入多个厂商有利于讨价还价，而是需要少量的厂商解决其所有的问题。华为到现在也没有总结出这样的逻辑，别人让交钥匙，我就练交钥匙的能力，升级打怪？所以 2005 年海外销量起来之后，交付一度成为华为的瓶颈。那时候在公司开会，天天听到的就是交付、交付。

在很多国家，华为交付压力极大。后来，华为就学习爱立信的先进交付经验，其中一个典型的方法是"按站点发货"。原来华为拿下订单，开始工程勘测、建移动基站的时候，会按照分门别类的方式发货，并由在当地的交付人员将东西分好运送到各个站点，这样就会出现一旦缺少配件，当地是采购不到的，需要从国内采购邮寄过去，而这些都要走流程，可以想象，这是非常耗时费劲的。华为打听到爱立信是"按站点发货"的，在施工前，站点勘测和规划工作做得特别详细，每个站点需求的主机、零配件都装在一起，统一发货，这样一线的交付工作就简化很多。然而这套流程却折腾了好几年才成熟，因为每个环节都要不断摸索、改进，还要重新培训人员、传授经验。但这样的方法一旦成熟了，就能解决很多问题，交付效率也明显提升了。当我们解决了关键问题之后，回头去看会发现解决问题的方法并不神奇，也不是很难。事实上，大多数公司不是被天大的事难住了，而是很多具体环节上没有发现问题，即使发现了也没有解决问题，一个个的小障碍削弱了公司的竞争力。

关于海外交付还有很多故事，最具影响力的是马来西亚电信事件。2010 年 8 月 5 日，华为董事长孙亚芳收到一封电子邮件，邮件主题是"TM（马来西亚电信）对华为在马电国家宽带项目中的一些问题的关注"。由于华为没有能够很好地交付项目，客户的愤怒情绪跃然纸上。最终因为这个项目，华为进行了一次大整顿，波及固定网络所有产品线。

华为有一种面对问题能够坚持实事求是的文化。出于现实利益和人性的原因，一般人们面对事情都会选择报喜不报忧，常常捂盖子、说假话。华为通过多种手段解决了这个问题，比如每天中高级干部都会宣誓"干部八项工作作风"，做到不说假话，不捂盖子，对困难不躲闪，对矛盾不回避；各个部门的述职模板首先都是问题是什么，哪些方面做得不好。而一旦出了问题之后，公司也不会因为怕丢人出丑。马电事件发生之后，华为曾将事件前前后后的各种细节都公布了出来，如今网上都可以查到。对于一家公司来说，坚持实事求是、坚持透明是非常重要的，所有的困难和问题都是存在的，回避、掩盖只会造成更大的问题。

　　华为拓展海外市场遇到的第二个大问题是，如何拿下发达国家的一流运营商。困难有两点：一是国外一流运营商的成立年头比较久，规矩多；二是华为品牌美誉度不行，人家会低看一眼。时至今日，中国GDP已经成为全球第二，还有相当多的国人都没有自信，这是宏观层面的障碍。

　　销售工作则是具体的，就是去攻一个一个的客户。2004年，华为获得了一个机会，英国电信（BT）想"搞事"，他们提出要搭建一个21CN的网络模型，想找厂商做解决方案。有些厂商其实不怎么把这件事太当回事，一般都是采取高举大旗、原地踏步的方式应对。实话说，用户不太可能比厂商更懂技术，就像你不可能比耐克更懂运动鞋，比吉利更懂汽车。在细节上用户有可能提出一些实用的功能，华为也因为及时满足这些需求而获得了竞争力，但是，BT公司提出的不是细节，不是具体功能，而是一个构架宏大的网络模式。当时，我对这个方案也略知一二，觉得有点胡扯，搞不明白公司为什么花这么大的力量搞一个不太切合实际的东西。

　　但当时华为上上下下都非常重视BT公司提出的21CN网络，经常和BT管理层开会沟通这个网络应该怎么搞。虽然后来21CN网络构架项目不了了之，华为却成为BT公司的战略合作伙伴，就是最高层次的供应商。我慢慢领悟了公司决策的高明之处。假设BT公司提出的真是一个非常先进并切实可行的方案，多半可能是轮不到华为去做的。大领导早就明白这一点，又不便说破，于是命令大家无条件配合，在双方深入的交流沟通中，建立并推进了客户关系，达到突破国际一流运营商的目的。这叫"假作真时真亦假，无为有处有还无"。

突破一流运营商，还要满足他们复杂的采购流程和认证。国内的运营商虽然更大，但由于成立时间短，相对更务实，在采购流程中最关注的是产品本身的质量。国外大运营商则还要认证产品的开发流程，供应商的愿景、使命、价值观，甚至是员工食堂、生产线等标准。在我看来，这些复杂的认证大多数对买方其实没有什么价值。一个公司总是有各种各样的人要吃饭，要立功，其中也有很多制造事端的负功，很多组织往流程里添加不必要的成分，导致流程越来越沉重、复杂，运作效率低下。就像一棵果树，枝杈上的叶子是提供营养的，但树杈和叶子太多了也会影响果树生产，所以才要剪枝。华为经常给自己"剪枝"，简化流程，但不能给客户剪枝，作为弱势的卖方，唯一能做的就是满足买方提出的各种认证需求。华为在一本官方的书里面说，搞了这么多年 IPD，最大的作用是满足国外运营商的采购认证。

突破 BT 之后，华为对海外销售有了信心，尤其经过 BT 公司的折腾，华为在符合国外一流运营商采购认证标准方面也有了巨大改进。同时，其他海外客户有了 BT 公司这个参照物，使得 BT 公司变相成为华为突破一流运营商的"样板点"，其他海外客户对和华为的合作风险也有了新的评估。于是，华为接下来就顺理成章地突破了一系列的全球一流运营商。

国外大型运营商的销路打开之后，华为在销售额上逐年增长，也有资金继续在产品研发和技术迭代上砸钱，直至成了 5G 网络方面的领先厂商。任总在很多场合说"华为的发展就是因为我们傻"，外人可能听不懂这句话的意思，觉得他的这种说法是在矫情，实际上是真事。华为非常多的决策并不是因为任正非多么有洞见，其实就是公司舍得花钱，又有一堆想立功的人"硬凿"，很多产品如果后来被证明有需求，那就搞对了。

第四节 多元化拓展

把世界上大型运营商的市场拿下之后，华为在电信设备市场的开拓上真正触及了天花板。尽管任正非一再强调管道会像太平洋一样粗，但事实并非如此，运营商设备市场已经开发殆尽的情况很明显。公司碰到天花板之后，尽量维持规模和现状是一种常见的策略，还有一种策略就是开拓新的领土，进入不太熟悉的领域。

在华为的官方文件《华为公司人力资源管理纲要 2.0》中，他们将这一阶段命名为"2010—2016，走向 2B+2C"，华为内部并没有提多元化这个词，因为多元化在华为是有负面意义的。在任正非的讲话中，"聚焦""主航道"是提到最多的词，且深入人心，公司在解释华为成功原因时，也经常提到"聚焦"。这与多元化是相反的。

但华为其实并不聚焦，即使是当事人，也经常不能正确地描述当时发生了什么。任总不断强调"聚焦""主航道"是事实，但真实执行的却是多元化策略。在电信设备厂商中，爱立信是非常聚焦的，多年以来一直专注于提供移动设备；思科也是非常聚焦的，一直专注于数据通信设备。华为在通信设备中有最广的产品线，2010年之后又将业务延伸到了企业网、手机、云计算、数据库、操作系统、自动驾驶等多个领域。除去试验性的研发，就实质性的业务而言，华为也是涉及面最广的公司，华为把做计算机编码的公司全部搞成了竞争对手。

尽管老板差不多每次讲话都提聚焦，实际上这话并没有说死，华为每年干部工作作风宣誓大会中都明确宣誓："主管的责任是胜利，不是简单的服从。主管尽职尽责的标准是通过激发部属的积极性、主动性、创造性去获取胜利。"

2011年，任正非在一次无线业务会议讲话中说："我们要力出一孔，力量从一个孔出去才有力度。我们'利出一孔'做得比别人好。但是我们的'力出一孔'做得不好，研发的力量太发散，让竞争对手赶上来了。每一个产品线、每一个工程师都渴望成功，太多、太小的项目立项，力量一分散就把整架马车拉散。"

"力出一孔"这个词可能是任正非修正创新出来的，原词出自管仲的《管子·国蓄第七十三》："利出于一孔者，其国无敌；出二孔者，其兵半屈……"这很可能是任正非当时刚知道的一个新词，此前讲话中从未出现过。他把"利出一孔"的意思改装了一下，强调聚焦。仔细读任正非的讲话，就能看出来他的学习痕迹以及生而知之的特点。他可能 2011 年才学习到管仲"利出一孔"的思想，而早在此之前，就知晓员工只有获利渠道单一才会把精力聚焦到工作上，很多朴素的道理不用学、不用知晓别人的归纳也知道该怎么做。

"力出一孔"在华为的管理体系和销售体系中是非常重要的管理方略。华为多年以来一直奉行对腐败零容忍的政策，公司给的钱是唯一收入，要求员工心无旁骛。华为相当长的时间规定员工不许炒股，炒股也是违规，虽然实际上无法执行到位，但这就是公司的一种态度。许多公司的销售人员都有一些灰色收入，如自己开一个公司，倒卖一些货物，这会极大地消耗公司的战斗力。任正非深知腐败的巨大危害，在制度设计上把这作为一个突出问题对待，其中最有效的手段就是市场人员的轮换模式，通常主要的销售人员和主管在一个地方只能工作三年就要换工作地点，这样一来，他们就没有办法在工作地扎根，精力就会全部聚焦于工作之上。

任正非在不断强调聚焦，但没有完全捆住大家手脚，而是采取强烈的立功文化导向，让华为的千军万马不断去开疆拓土。其实，把华为的聚焦理解成"竞争力"更准确：公司不是硬性规定一定不能做什么，而是要避免浅尝辄止导致做不出有竞争力的产品，避免出现越来越多的"枯枝"。

2011 年，华为划分了三个 BG（Business Group，业务部门），除了原来的运营商业务部门，又新增加了企业业务部门和终端业务部门。其实在成立这些业务部门之前，有些业务已经实质性运作了好多年。华为 2001 年就搞了"专网"部门，通过代理向运营商之外的用户销售一点设备。华为终端部门也有久远的历史，最早是给华为"村村通无线系统"配套无线终端，后来做小灵通手机，又给 3G 设备做配套。不过终端产品在华为布局中一直是一个配角，1994 年华为的C&C08 机出来之后，华为曾做过多款固定电话机，成本根本无法与国内其他厂商竞争，而且质量也不过关。有过这个痛苦经历，华为对自己做终端产品没有一点自信。

华为在终端领域最终找到属于自己的位置，源于发现了数据卡这一门小生意，从 2007 年开始，华为连续 4 年领跑数据卡市场，占据了市场 55% 的份额。2008 年秋，华为想把终端打包卖掉，结果阴差阳错没有成功出手，最终华为终端被逼上梁山。移动电话本来是摩托罗拉发明的，是移动网络设备的附属产品，第一拨的主导公司是摩托罗拉、爱立信、诺基亚等电信设备公司。后来，随着技术和商业环境的变迁，电信设备公司经营的手机越来越没有竞争力。大家都默认了设备厂商做不好终端是一个真理，华为自己也这么认为，对移动电话为主的终端设备相当打怵。

华为的多元化并不是通过投资或者购买其他公司实现的，其新业务完全是内生增长模式，这才更具有讨论价值。

一个大公司进入一个新领域的障碍主要有三种：

1. 组织方式不适应；
2. 不会在新领域销售产品；
3. 不理解新领域用户需求，不会做产品。

这几条之中最难的其实是在新领域销售产品，只要产品能销售出去，其他问题迎刃而解。

"隔行如隔山"这句话应该做一下深入的解读。手机的物理性质和PC机是相似的，手机就是一台有通信功能的掌上电脑。在销售对象上二者相似之处也很多。但手机比PC更方便随身携带，于是就有了更多情感属性，在产品模式和销售模式上就产生了差别，按照PC的套路卖手机就不容易成功。联想主营PC业务非常稳固，在移动终端领域，联想在功能手机时代做到过国内第一，在运营商送手机的时代，其智能机也做到过国内第一，应该说已经摸到了手机行业的门道，可还是被迅速变化的市场淘汰了。手机作为摩托罗拉、爱立信等移动网络设备公司的附属产品时，厂商把手机卖给运营商，运营商再卖给顾客，当运营渠道让位给社会渠道时，原有的手机厂商也让位给诺基亚、三星等消费电子厂商。同样推销云计算，阿里擅长用地推模式向中小企业销售，华为则擅长团队作战，拿下大项目。

华为进入手机市场的难点是要面对完全陌生的顾客群体销售产品，向数量庞大的消费者销售产品和向少数运营商销售大项目完全不同，原来成熟的套路和团队完全用不上，进入这一市场要从零做起，对于靠惯性运作的大公司是巨大的挑战。

华为手机就经历了从外行到学霸的演变。2010 年，中国还是功能机的天下，诺基亚占据了功能机的绝大部分市场份额，华为、联想、中兴、酷派的市场份额都在 1% 左右。2011 年，智能机爆发，运营商为了获得用户，都采取了激进的"充话费送手机"的营销活动，运营商一下子成为手机销售的主体对象。到了 2012 年，熟悉如何通过运营商销售产品的联想、华为、酷派、中兴的智能机市场份额仅次于三星，位列第二到第五位，市场份额在 8%～12%，这四家厂商被称为"酷联中华"四大金刚。

运营商送手机是为了获得用户，当然越便宜越好，四大厂商的手机业务有份额没品牌，有销售额没利润。给运营商做贴牌手机更是一个鸡肋业务，运作成本更高。当运营商通过送手机瓜分用户之后，他们必然不会再高额补贴送手机，手机市场必然还会还给自由市场，这一趋势所有人都知道。2011 年 10 月，华为高管和终端公司高管在三亚开会，会议决定要面向最终消费者研发手机，运营商只是其中一个渠道。看到这一点不难，因为运营商渠道只是临时性的，手机如果无法变成获得消费者青睐的产品，是不可能有竞争力的。华为的过人之处是总能实事求是地面对现实，上面有想法，下面有办法。公司决定面向消费者做手机，手机部门的人就要探索如何满足消费者需求。一个公司如果能够这样落实公司战略，战略就是有效的，否则就是空谈。用通用电气前 CEO 杰克·韦尔奇的话说："别人只是知道，而我们能做到。"

从成立消费者 BG 起，华为就下定决心做手机了，不再是以前那种打酱油的状态。这也是华为拓展新业务、新市场的模式，他不是一开始就是重拳出击、势在必得，通常的做法也许是小部队自发地去搞一搞，看一看，摸索出一点门道后，再火力全开、饱和攻击。

2012 年 1 月，华为面向消费者的第一款手机 Ascend P1 发布，意料之中，没有搞出任何动静。接下来华为又发布了 D1、D2、Mate 1、Mate 2、P2 等六七款高端机，多路径、多品种地探索市场，屡败屡战。2012 年 9 月 22 日，终端总裁余承东发了一条微博，写了华为手机的七条战略：

1. 从 ODM 白牌（从第三方手机设计公司拿货卖给运营

商）运营商定制，向 OEM（自己设计，委托第三方制
造）华为自有品牌转型。

2. 从低端向中高端智能机提升。

3. 放弃销量很大但不赚钱的超低端功能手机。

4. 启用华为海思四核处理器和 Balong 芯片。

5. 开启华为电商之路。

6. 启动用户体验 Emotion UI 设计。

7. 确立硬件世界第一的目标。

这七条是根据华为手机现状深思熟虑的策略，如果真能
落实，华为手机一定会上一个台阶。

2014 年 9 月 4 日，发布了华为 Mate 7。发布后两个星
期内，第一批用户和测评机构在使用过后，给出了很多好
评，于是两个星期之后，该款手机意外火爆，一机难求。华
为 Mate 7 低配版的定价是 2999 元，高配版的定价是 3699 元，
本来是一种尝试，计划销量是二三十万台，没指望卖多少。
结果由于市场的火爆、预备的原材料太少导致生产延后等因
素，这款手机竟然在一段时间里要加价 500 元以上才能买得
到。到最后，华为 Mate 7 的销量卖到了 600 万台。

代理商一看卖华为手机能赚钱，纷纷上门要合作代理，
原来求爷爷告奶奶的渠道发展体系也打开了。

华为奋战了 20 多年的电信设备销售就像陆军进攻，是一

单一单地死磕，而个人消费品或者互联网服务销售就像空军进攻，靠的是势能和广泛的影响力。华为熟悉陆军的套路，不懂空军战法，怎么办？就是一点点学，挖来懂行的人、分析竞争对手、尝试各种方法，慢慢地掌握其中的要领和实操方法。

为了学习手机销售，华为也聘请了熟悉手机销售的管理者，并立下规定，要听专家的，不要插话，人家怎么说就怎么做。现在微信朋友圈的各种争论让大家知道，任何一件事情，只要陷入争论，就会无休止，甚至可能激化矛盾。华为早年为了变革，提出削足适履，先僵化、再优化等说法，这个说法类似于"不争论"原则，既然华为自己没有向最终消费者销售产品的经验，那么就要听有经验的专家的，等熟悉了才有发言权。

华为为了销售手机，市面上的各种各样的套路都去学习。2011年秋，小米炒热了线上销售手机的模式，销售强劲，打得传统厂商节节败退。因此，许多手机大厂都学小米的销售方法，最后真正做成功的只有华为的荣耀手机。2016年，OPPO、vivo两家厂商由于精耕细作传统渠道，手机销售做得风生水起，华为又发出了学习"OV"的文件。一个人、一个公司能做到谁的某个方面做得好就向谁学习非常困难。通常人们对整体上不如自己的同行都是漠视的，马云总结的"看不见、看不起、看不懂、来不及"描述得非常形象。

再到后来，华为博采众长的做法被中国手机厂商所借鉴，最后所有厂商都搞了线上线下联动销售，也都搞了双品牌策略。

空军类业务一般比陆军类业务有爆发性，华为摸到门道之后，业绩开始突飞猛进，2018 年华为终端业务的销售额已经超过了经营了 30 年的电信设备业务。

和终端公司同时成立的企业业务 BG 就没有这么顺利了。华为的所谓企业业务就是销售企业用的网络设备，这个市场具有非常分散、依赖关系销售、客户需求更加多样的特点。虽然也是 2B 型业务，但和运营商有限客户大规模采购模式完全不同，市场过于分散，所以堆人上去展开饱和攻击缺乏效率，不上人的话就拿不下来市场。

2018 年，华为企业业务的收入是 744 亿元，在同行中算是最出色的业绩了，但只占华为总收入的 10%，只相当于消费者业务的五分之一多一点儿。华为企业业务销售千方百计，投入了大量的人员，在中国也有相当强大的品牌号召力，但仍然不能很好地解决市场分散的问题。

华为攻打企业网市场的方法就是在国内投入重兵，用大量的销售人员地毯式地覆盖各个行业、各种项目，这种打法效率不高，好在中国经济发展迅猛，企业对 ICT[1] 产品需求大

---

1 ICT：信息技术（IT）和通信技术（CT）的结合，即信息通信技术（Information and Communications Technology），涵盖通信业、电子信息产业、互联网和传媒业，可提供基于宽带、高速通信网的多种业务，是信息的传递、共享和应用服务。

增，大型订单逐渐增多，华为用重兵覆盖这种销售方法也有了一定的经济效益。

通信设备最强悍的思科公司主要业务并不是电信设备，而是企业网。思科比华为早成立三年，抓住了互联网大发展的机遇，通过强悍的综合竞争手段近乎垄断了企业网络设备市场，击退了好多家大公司的进攻，漂亮地完成了企业网市场的分散和整合。

但华为无法拷贝思科的打法，在思科已经先入为主的市场中，想突破的难度是非常大的。比如奔驰车厂原来用的是思科的设备，思科代理商和奔驰相关人员都很熟悉，奔驰的ICT维护人员也很熟悉思科设备，ICT设备采购在奔驰公司只是一笔小钱，奔驰没有动力去替换思科的设备，华为要想拿下这个客户就非常困难，这就是所谓先发优势。

一般的胜利要靠攻坚克难，天道酬勤，这是华为擅长的；而巨大的胜利要靠改天换地的历史机遇。华为不以想象力和创新力见长，通常也不做改朝换代的想象和尝试，基本上就是按照业界既定的方法和惯例稳健经营，谁好跟谁学，通过"结硬寨、打呆仗"的方法取得胜利。华为拓展海外运营商市场，从大势上是赶上了建设3G、4G重新洗牌的机会，企业网市场则没有迎来或者没有促成同样的历史机遇。

假如历史机遇不来，华为可以做到努力活下去，消耗竞争对手，并逐渐占上风。一旦历史机遇来临，由于华为已经提前埋伏在行业中，浸淫多年，更容易抓住历史机遇，取得巨大胜利。

除了华为传统的电信设备直销模式，华为在消费者领域销售产品也取得了奇迹般的成功，对于企业网中分散型的2B业务，华为也比绝大多数公司做得更成功，华为销售模式涵盖了销售的几个主干分支。销售不是在智力上、在资金投入上有巨大难度的事，它更需要组织和员工掌握一个个管用的方法和套路，这些套路要靠目标坚定、执行力强、不断实践去摸索和掌握。

第五节 华为手机营销

2008年秋天，华为本来想把终端部门卖掉，由于金融危机爆发等原因，这个买卖没有成交。

2008年这一年，华为终端的年销售额为35亿美元，都是销售数据上网卡、给运营商定制的低端手机，加上各种各样的终端销售凑出来的营业额。华为多年前曾有过销售固定电话机的失败经历，因此认为自己不是做终端的料，想把终端部门卖掉。

在2008年之前，手机行业以及周边的ICT行业发生过一些影响华为决策的变化。

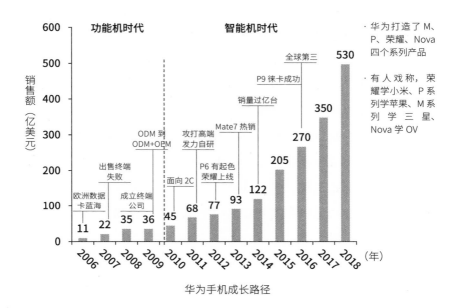

华为手机成长路径

第一，手机是摩托罗拉发明的，摩托罗拉、爱立信、诺基亚、阿尔卡特等电信设备商是最早的手机玩家，后来摩托罗拉在竞争中逐渐失败，退出了市场。诺基亚因为把手机部分和设备部分分拆成两个独立的公司才大放异彩。爱立信为了搞定手机业务，和擅长做电子消费品的索尼成立了"索爱"公司，推出了几款还算热销的机型，算不上成功。第二，在相关行业，华为的老师 IBM 在 2004 年将 PC 业务卖给了联想，成了一家纯粹的 2B 公司。西门子、通用电器这种综合多元化公司也都逐步退出了个人消费者领域，成了纯粹的 2B 型公司。于是，业界形成了一种观念——一家公司通常无法兼容

2B 和 2C 两种业务形态。微软虽然是个例外，但在 2B 和 2C 行业提供同样的产品——操作系统，并且微软是具有垄断地位的，所以不具备可比性。

这种情况下，外界都不看好华为进入手机行业成功的可能性，华为的部分领导层、其他大多数人也是这样看的。华为手机业务能够成功，属于是被逼上梁山，在左冲右突中杀出来了一条路。

华为公司的决策特点就是，坚决但"不执着"，菲茨杰拉德有句名言："同时保有全然相反的两种观念，还能正常行事，是第一流智慧的标志。"华为内部当时对于手机业务，也有两种观点，第一种就是认为进入手机行业很难，甚至没戏；另外一种观点就是，华为做手机业务说不定也会成功，以前那些失败案例只是统计学上的小概率事件，并非必然成为现实。第一种观点让华为想把终端部门卖掉，第二种观点是如果卖不掉，就使劲干一干，试试看。

由于终端部门最终没有被卖掉，而数据上网卡只是一个临时性的小市场，很快就会消失，所以华为只能攻打手机战场。但做出这个决策并不容易，2008 年时，华为做手机主要是做 CDMA 手机（即采用了 CDMA 技术的手机），这是一个比较小的细分市场——在 GSM、WCDMA 的主战场上，华为觉得干不过别人，自己手机没有任何优势，无法杀出重围。

到了 2010 年年末、2011 年年初，华为才决定攻打手机主战场。此时，华为已经是一个大公司，有比较多的财力和技术开发潜力。但摆在华为面前的则是各种困难，例如：（1）没有信心，对消费者业务打怵；（2）不懂行，终端公司的市场人员、研发人员都是做电信设备出身，完全没有行业经验；（3）没有能够摆在桌面上的技术优势，华为技术开发能力强只是一种潜力，发挥出来才是优势，发挥不出来不是优势。

2010年，移动互联网开始了逐渐成形，功能机开始向智能机过渡。运营商为了抢占移动互联网的先机，开始送手机圈用户。运营商的大量采购给国内厂商提供了机会，2010年，华为、中兴、联想、酷派的手机市场份额只有2%、1%、1%、1%，到了2012年，这四家厂商的市场份额上升到10%、8%、12%、9%，也因此，"中华酷联"被称为手机行业的四大金刚。因为这四家厂商都有与运营商做生意的禀赋，华为、中兴是电信设备商，酷派在BB机时代就与运营商做生意，联想有遍布全国的供应链体系，也与运营商打交道多年。**一般的生意都是顺势而为、水到渠成的，逆天改命的是少数。**

为运营商供应手机的模式，其实存在两个问题：第一，厂商供应的都是低价机，不赚钱；第二，运营商不可能总是补贴手机终端，一旦圈地结束，运营商就会逐渐淡出这个市场。这两点大家都很清楚，但只有华为面对现实，不做寒号鸟，勇敢做出了不依赖运营商的转型突围。2011年10月，华为高层人员和终端公司的高管在三亚开了一个战略务虚会，这次会议上，华为做出了定做手机业务要面向最终用户的决定，开始将运营商渠道只作为渠道的一种。很多情况下，**看出趋势不一定很难，难的是承认现实，做出改变**。

2010之后，华为手机开始艰难拓展，其中一个主攻方向就是要做出有品牌、能卖得上价钱的高端机。

2012年9月22日，余承东发了一条微博，说明华为手机的主要策略：自从负责华为消费者业务后，我们做了几个大调整：

1. 从ODM白牌运营商定制，向OEM华为自有品牌转型。
2. 从低端向中高端智能机提升。
3. 放弃销量很大但并不赚钱的超低端功能手机。
4. 启用华为海思四核处理器和Balong芯片。
5. 开启华为电商之路。
6. 启动用户体验Emotion UI设计。
7. 确立硬件世界第一之目标！

1、2、3、7条是战略方向，战略要想被执行，就要配人、配资源、群策群力，在各个层面督战，这样战略才能落实。4、5、6是具体要做的事，落实到具体团队去执行，不断迅速提高，就会爬坡成功。

从2011年到2013年，华为先后发布了D1、P1、D2、P2、

Mate 1、Mate 2 等手机，无一款获得成功。开发了这么多系列，比较密集地发布所谓的"高端机"，华为的主要目的是多路径地探索成功道路。这是华为的习惯做法，也是饱和攻击的要领。

到 2014 年 9 月，华为定价在 2999/3699 元（低配/高配）的 Mate 7 意外成功，原计划销售 20 万台，结果大热，供应链都跟不上，在相当长的时间消费者都要加价购买。

Mate 7 的成功，意义重大，原本华为手机不好销售，华为销售员们求爷爷告奶奶地拓展发展渠道也进展缓慢。而 Mate 7 的成功让渠道发现销售华为手机也是有钱赚的，很多渠道一下子就打开了局面。很多生意难做，是因为没有走到大路上，还在羊肠小道上踽踽独行。比如，现在小米手机不如以前好卖了，主要是难以对抗趋势的力量，不管你怎么整，渠道做你的手机不赚钱，消费者认为你不行，改变不了这个死循环。华为也有过这样的经历，华为进入很多市场首先遇到的都是逆境，并不是产品只要印上"华为"两个字就可以热卖的。

扭转趋势需要很多要素：

1. **抓住主要矛盾，认清主攻方向，发起持久的进攻**。华为手机就是持续地在科技和研发上重度投入，生产更符合消费者的产品。

2. **要有狠人气质，长期坚持**。华为说厚积薄发，"板凳要坐十年冷"，这句话可不是说说而已，而是真的这么干。

3. **时机也非常重要**。华为进入手机市场刚好抓住了智能机爆发的机遇，运营商送手机圈用户给华为这种电信设备商出身的厂商进军手机市场搭了一个台阶，让华为入门，熟悉了手机各个环节。

4. **多路径探索，不停地折腾**。华为手机多系列——手机产品线丰富、多方法——销售方式多样化、多特性——在手机各个功能上寻找卖点来探索出路。华为在机型上尝试过最大、待机时间最长、最薄、信号最好等许多卖点，只有不断地尝试，用各种产品刷存在感，这样才能比较快地找到出路。

进入一个新行业的首要障碍是营销，但营销其实是没有秘密的，竞争对手管用的招儿大家都看得见。营销的优劣主要是三个方面：第一，细节，虽然大家都安排参观公司，但华为比对手在接待细节上做得好。第二，找到属于自己的营销之路。手机行业 OPPO、vivo 渠道很成功，有独特的渠道政策和激励手段。华为的体制使得它没法照搬两家的做法，不可能模仿，所以就把 OPPO 和 vivo 的一部分成功做法拿来，再结合华为的特点，逐渐磨合出一条适合自己的道路。成功通常都不能完全拷贝，每个公司甚至每个人都要走出自己的路。第三，缺乏勇气和决心，即有没有把新行业的营销特性凿深吃透的决心与勇气。

2011 年 8 月 16 日，小米发布了第一款高性价比、高硬件配置手机。作为一个行业新手，小米做了手机的操作系统界面，也就是把开源的安卓进行一定的改造，业界称为ROM。在网络上找手机发烧友把小米的 ROM 刷到其他品牌手机上，小米由此建立了一点点群众基础。另外，小米发布会模仿苹果发布会的方式，精心策划，结果很长时间雷军得到一个"雷布斯"的称号。

由于小米开创了一种"大型发布会 + 网络卖高配手机 + 低价格"的手机销售模式，一下子就引爆了市场，占据了趋势，接下来的几年，小米手机疯狂增长，2011—2016 年，小米手机出货量分别为 30 万、790 万、1700 万、6100 万、7100万、5800 万。2012 年，小米销售 790 万台手机，已经初具规模，令所有传统厂商都感到害怕，"中华酷联"都准备搞低价、高性能手机，通过网络销售。

最终坚持做成网络性价比手机的只有华为一家。小米发布首款手机之后不久，华为就于 2011 年 9 月 25 日发布了首款荣耀产品。荣耀也是想走性价比路线，目的是跟随小米，以防小米模式一家独大。这也是华为公司的常规思路，保持对业界风吹草动的警觉，耐心观察，有所准备。2015 年，小米线上销售模式遇到了天花板，深耕线下的 OPPO、vivo 市场扩张。2016 年，在多重竞争对手夹击之下，小米销售下跌近两成。

到 2019 年，华为在很多有利因素推动下，其手机业务在中国的市场份额突破了 40%，其势头之猛，在商界并不多见。

第二章

华为营销思想

人们每天做的事情大部分都是由事件驱动的，比如销售人员上班要去拜访客户、安排各种活动。但是人们行动的方向则是由想法决定的，有人习惯根据关系去找各种产品来勾兑、有人根据自己的产品和特长想办法去找目标客户，想法不同，道路不同，结果就不同。

如果一个人取得了较为可观的成就，他的想法就会被说成是思想。一般做得比较大的、比较成功的企业带头人都是有自己独特见解和想法的人，或者说是有思想的人。

华为销售方法像其他公司一样，也来源于实践，某个销售员发明了一种很管用的办法解决了某个销售问题，排除了销售障碍，这种办法在公司就会被推而广之。在方法之上，指导思想则是关键，华为拓展海外市场时，开局很不顺利，华为还敢不敢持续投入？如何调兵遣将？如何配合国内销售制订战略牵引计划？销售中各种事件的处理原则是什么？这些都需要思想指导。

由于华为辉煌的成功，有人把任正非说成是哲学家、思想家。2019 年 5 月，任正非在接受采访时，有记者问他的管理哲学是什么？任正非回答："华为没有哲学，我本人也不学哲学，我认为华为所有的哲学就是以客户为中心，就是为客户创造价值。"

任正非说的是实话，他非常爱看书，但不以研究理论问题见长，在他很多的讲话中很少引经据典。他像所有成功的、能干的企业家一样，是一位阅读现实的高手，公司不断地实践、任正非不断地琢磨，总结出一些零零散散的指导思想，这些思想体系化做得并不好，但它长期指导华为的各种实践，时间一长，也被华为人，尤其是领导层掌握了。

华为销售气势凶猛，攻城拔寨。在电信设备销售成功之后，又很快跨越行业取得了巨大的成功，跨行业成功是很少见的，华为的跨行业成功证实了指导思想的威力。盖楼和修桥虽然都是建筑行业，但修桥和盖楼的方法是不同的。它们相同的部分是都要用到理论力学、材料力学，都要画图纸。华为销售指导思想就相当于销售的理论力学、材料力学，虽然不可能有工程学那么严密，如果领悟透了，灵活运用，还是可以起到跨行业指导的作用。

第一节　建立市场导向的文化

销售部门负责销售，必然需要其他部门的支援。如需要产品部门研制适销对路的产品，需要供应链给用户及时、准确地发货，需要服务部门做好客服，等等。公司在销售过程中还会有流程问题、资源协调问题等。

要想解决好销售问题，首先要建立以市场为导向的文化，全公司努力支持销售一线作战，这样才能有最大的力量投入创收。作为标杆企业，华为"以客户为中心"的理念已经广泛传播。实际上，在以客户为中心之前，先要以销售为中心，销售做得好，才有源源不断的资源投入产品研发。

是不是建立以市场为导向的文化与行业性质以及公司的发展路径有关。1983 年，乔布斯为了让当时的百事可乐总裁约翰·斯卡利加入苹果，说出了那段著名的话，这段极具煽动性的话至今仍被人津津乐道——"你是想卖一辈子糖水，还是跟着我们改变世界？"

乔布斯和斯卡利共同执掌苹果的那段时间，创造了苹果最棒的产品（第一部 Mac 电脑）和最棒的广告（"1984"）。不过这段蜜月期很快就结束了，斯卡利做过最著名的事，就是把乔布斯赶出了苹果。1985 年，乔布斯从苹果辞职之后，两人的交情也随之中断。

斯卡利在进入苹果公司之前，以强悍的市场营销能力闻名于世，他领导的百事可乐有力地挑战了行业龙头可口可乐。据说乔布斯和斯卡利之间的冲突主要是观念的冲突——乔布斯更注重产品，斯卡利则注重营销。像可乐这样的糖水产品，在研发投入上是很少的，主要是靠营销打天下，他到了苹果公司之后，认为电脑产品其实都差不多，不需要很大的研发投入。

在技术密集型行业，产品能够绝对领先，市场的作用就比较小，摩托罗拉是一个典型。成立于 1928 年的摩托罗拉，曾一度前无古人地每隔 10 年便进入一个行业，它做过车载收音机、彩电显像管、全晶体管彩色电视机、半导体微处理器、对讲机、寻呼机、大哥大（蜂窝电话）以及"六西格玛"质量管理体系；它由此先后进入了汽车电子、晶体管彩电、集群通信、半导体、移动通信、手机等多个产业，并长期在各个领域中没有竞争对手。这样的公司市场部就很弱，慢慢就会形成以技术为中心的文化。

后来，摩托罗拉错判了数字移动通信的迭代时间，错失发展良机，就好比别人都推出 5G 网络了，摩托罗拉还停留在 4G 时代。如果是一家销售能力强的公司，这点落后是可以弥补的，华为推出数字移动设备时的竞争力远不及摩托罗拉，但还是凭借强大的市场能力慢慢地赶上来了。而摩托罗拉这种技术导向的公司，技术一旦不再领先，很快就丧失了竞争力。

中国大多数公司都很重视营销，作为发展中国家，靠技术和产品领先并不现实。20世纪90年代，中国许多公司非常重视营销，并且享受了电视广告红利，在家电、白酒、保健品等行业短时间内创造了诸多营销奇迹。短暂的胜利让它们形成了对营销的迷信，却在产品研发上缺乏投入，这些公司都只是昙花一现，迅速陨落。

如何做到产品和营销的均衡？

第一，要视行业情况而定。 据说斯卡利之所以不太注重产品开发，主要是以在百事可乐获得的经验，认为产品没有太多的差异化和可投入性，公司好不好主要靠营销，也就是说斯卡利把饮料行业的模式套用到了计算机行业上。另外一个例子是苹果在2014年聘用了奢侈品公司巴宝莉的CEO安吉拉·阿伦茨（Angela Ahrendts）主管销售。阿伦茨来了之后，按照奢侈品的思路，不断地将苹果手机涨价，后来价格涨得太高，物值不符，影响了苹果的业绩，导致阿伦茨在2019年黯然辞职。

阿伦茨从一个极度依赖营销创造价值的行业进入科技产品行业，没有认识到奢侈品的套路营销模式并不能长久地用于手机行业，因此犯了路径依赖的错误。

第二，产品没有强大竞争力时，要靠销售来弥补短板。 你不可能指望公司的产品长久地具有绝对竞争力，营销力和产品力要形成相互促进的正向循环。有一些公司抓住了机会，形成了有效的营销方法，然后就忽略了产品竞争力的提升，等到产品落后，营销被模仿者稀释之后，再改进就晚了。

衡量一个公司是不是市场导向的文化，最主要的就是看一个公司是不是全员都有支持销售一线的自觉性。每个公司都有各种制度、流程规定每个部门的职责，但员工的自觉性和习惯性也是非常重要的，没有哪家公司能事无巨细地规定每项工作该怎么做。

华为从一开始就进入了一个高技术、高研发含量的行业，这个行业耸立着很多巨人，而华为只是一个小公司，所以需要市场导向的文化让整个公司面向市场。华为研发经理也需要经常到销售前线支持项目，听取客户需求，做一些差异化创新，所以华为逐渐夺取了一个个市场。任正非在 2014 年修订版《致新员工书》中说："下一道工序就是用户，就是您的'上帝'，您必须认真对待每一位用户。"销售是最后一道工序，当然上游产品部门要全力支持。

后来，华为的地位提高了，产品也具备了很好的竞争力，但华为并没有丢掉以市场为导向的文化。华为衡量产品开发是否成功的主要评估要素，仍然是市场上是否取得成功。虽然公司体型巨大，流程非常复杂，响应一线产品需求的能力有所下降，但在同类公司中仍然是最快的。华为通过贴近市场、小步快跑的方法逐渐建立了竞争优势。

很多公司学华为的营销，一开始就从组织、流程和细节方面入手，结果公司规模不大，却出现了流程不畅、部门协调不力、责任划分不清楚的问题。实际上，这种做法是舍本逐末的，想要公司的销售好，首先要建立以市场为导向的文化。华为是在 2009 年才开始着手打通销售流程，做了 LTC（Leads To Cash，从线索到现金）销售流程。而此时，华为员工数早已超过了 8 万人，销售额近 1500 亿人民币。

在形成各种销售套路和打法之前，靠市场导向的思想牵引，销售部门勇猛开拓，其他部门迅速支援销售一线，胜则举杯相庆，败则拼死相救。企业一旦形成了市场导向的文化和习惯，会起到纲举目张的作用，对促进公司销售是最重要的。

第二节　饱和攻击

和所有成功的公司一样，华为的营销攻势也相当猛烈，在公司内部，我们称之为饱和攻击。在发动饱和攻击之前，公司已经有了清晰的套路，把这些套路运用到极致，就可以赢得一个又一个订单。

发动饱和攻击的基础是产品价值被确认，销售打法成熟，而不是贸然出击，华为把这种销售方法称为**尖毛草策略**。尖毛草是生长在非洲大地上最高的毛草之一，有"草地之王"的美称，但是尖毛草的生长过程十分怪异。在最初的半年里，它几乎是草原上最矮的草，只有 1 寸高，人们甚至看不出它在生长、扎根，它的草根能长到 28 米长。那段时间，草原上的任何一种野草长得都要比它旺盛，没有人能想到尖毛草会是今后的"草地之王"。

半年后，在雨季到来之际，尖毛草就像是被施了魔法一样，以每天半米的速度向上疯长，3～5 天的时间便会长到 1.6～2 米的高度。

"饱和攻击"原本是一个军事术语，指的是由原苏联海军总司令戈尔什科夫元帅在美苏争霸时期，研究使用反舰导弹打击美国海军航母战斗群时制定的一种战术——利用水面舰艇、潜艇和作战飞机等携载反舰导弹，采用大密度、连续攻击的突防方式，同时在短时间内，从空中、水面和水下不同方向、不同层次向同一个目标发射超出其抗打击能力的导弹，使敌航母编队的海上防空系统的反导弹抗击能力在短时间内处于无法应付的饱和状态，以达到提高反舰导弹突防概率和摧毁目标的目的。

有过军人经历的任正非常常用军事术语比喻商业策略，"饱和攻击"这个词也就成为华为营销的关键策略。

饱和攻击在发动之前，要确认需求的真实性和操盘模式的可行性，前期要求在摸索的过程中，投入不宜过大。因为在探索道路时过分投入，不但浪费资源，也会产生混乱，动摇军心。华为犯过几次这样的错误：2012 年，企业网事业群成立一年，公司嫌销售额增长太慢，就极大规模扩充了员工数量，半年内增加了一倍以上的员工，希望能复制电信设备销售高歌猛进的发展模式。实际上，当时华为能够得到的市场并没有这么大的容量，结果招来的大量员工没事干，造成了一定的混乱。

企业在确认产品价值和销售方法之后，最大限度地发动饱和攻击，才能快速夺取最大利益。虽然饱和攻击是华为的一种说法，但实际上很多公司都在用。

饱和攻击营销法最重要的一条就是配置许多营销资源，强攻是其最关键的要义。两军相逢勇者胜，在营销中，胜者通常都是投入营销资源更凶猛的一方。

思科从 20 世纪 90 年代开始即为网络设备行业的霸主，它通过一系列的营销行动打造了自己坚固、高效的营销赛道。思科也是一家非常注重人均效益的公司，对销售人员的人均销量卡得比较严，不轻易扩大销售队伍，以免增加成本、稀释利润。

作为一家销售强悍的公司，思科所创造的立体营销方式的壁垒很高，让竞争者不容易模仿，它在和美国本土大公司的竞争中屡战屡胜。然而在中国市场上，思科却没有成功遏制华为和 3Com 的合资公司 H3C。

H3C 当年的战术说来也简单，和中国许多企业的营销奇迹一样——增加销售强度。思科在全国建立了三个销售机构，H3C 就在每个省建一个；思科有 300 名销售人员，H3C 就配置1000名销售人员。这样，H3C就能更进一步贴近目标客户，用人海战术应对思科的高举高打。

2003年成立的H3C，到2010年的销售额超过了10亿美元，在爆发力比较差的2B业务市场创造了一个奇迹。

所以，饱和攻击的定义就是，厂商一旦找到一条被认为是有效的策略，就最大限度地投入营销资源。

饱和攻击主要包括信息饱和灌输与人员的饱和配置，而销售人员的主要作用是传播信息。归根结底，饱和攻击就是信息的饱和攻击。2C业务和2B业务其实是相似的，我们可以把2B业务的销售员看作人肉广告，把他们的销售活动看成信息的高强度传播，也可以把2C业务的商业广告看作低强度、高覆盖的人员推销。

进行饱和攻击，不管是增加广告投入、增加营业网点，还是增加营销人员，都会带来成本的上升。该怎么办？

面对这个问题，应掌握两个要点。**第一，在成本和成功销售之间，要选择成功销售。**中国过去的营销史就是巨大投入打败谨慎投入的历史，淘宝与易趣（eBay）、京东与当当、H3C与思科等许多案例都揭示了这个道理。**第二，饱和攻击有一个隐含条件，就是预期市场空间会扩大，即预期发动饱和攻击之后收成巨大。**

华为公司曾在移动通信技术选择方面和中国运营商的网络建设不合拍，因此错失了小灵通红利。2003年，由于与美国进行了商业谈判，联通 CDMA 招标选择了技术较为落后的 CDMA95，华为研发的 CDMA2000 技术又一次错失红利。两次错失，让华为的移动设备销售业务危机深重，而移动设备业务对通信设备公司而言是最关键的。

2008 年前后，中国通信设备商迎来了最敏感的时期——3G 前夜。华为在此次 100 多亿元的设备招标中，给出了 6.9 亿元的"地狱价"。首轮争夺，华为成功将自己在国内的 CDMA 市场份额提升到 25%。在付出了巨大的代价后，华为扭转了不利的局面。

在中国，激进营销基本上都能战胜谨慎营销，这是事实。但选择激进营销的前提条件是预见市场空间的可扩大性。市场增长一旦到了天花板，饱和攻击就不再奏效，这一点一定要切记。

小米主打性价比模式，如果增长到了这个细分市场的极限，再用这招效果就很小；H3C 市场达到 10 亿美元之后，增长也非常困难，再配置更多的营销资源，边际效益就很小了；2016 年，OPPO、vivo 采用传统广告轰炸加密集地面营销的策略，手机销售增长率都超过了 100%，然而到了 2017 年，继续增加营销强度却效果甚微。在达到饱和点之后，再增加营销投入，收益就会下降——最高点就是饱和点。

综合上面分析，我归纳出饱和攻击的基本原则：

一、一种营销方式被证明有效之后，要抓紧时间扩大再生产，不要贻误战机。

饱和攻击的关键是信息饱和，充分向顾客灌输信息的方式多种多样，有广告、人员推广、炒作、占领更多的店面等多种方式。聪明的商家能准确地评估各种方式的利弊，找到最经济、最有效的信息灌输方式。

饱和攻击有一定的适用范围，一旦过了饱和点，营销投入就不会有有效的产出。评估饱和点的方式是对潜在市场空间进行估计。另外，一旦有明显过饱和的现象出现，一定要非常敏感地觉察并及时调整策略。

早年，华为的领导层一直讲饱和攻击，但当市场份额到了一定程度，他们转而强调人均效益，严控营销投入。举例来说，2014 年，华为中国区的销售人员大约有 14000 人，销售额达到 900 亿元；2016 年，华为中国区的销售额增加到2300 亿元，销售人员数量却基本保持不变。

还有一个例子。由于送餐模式的崛起，方便面市场开始萎缩，这是无法扭转的现实。在这种情况下，统一方便面仍然进行大额度的营销投入。数据显示，统一集团 2012 年上半年的销售与推广开支是 28.82 亿元，2013 年上半年，这项开支则骤升为 32.08 亿元，而 2014 年，这项费用高达 34.98 亿元。统一虽然大力营销，但结果却不理想，市场份额只上升了不到 1%，经营上产生了亏损。在一个萎缩的市场上大力投入营销，预期收效是比较差的。

二、当一个业务处于上升期时，发动饱和攻击是最佳时机，一旦市场空间被填满，格局确定，饱和攻击便不再奏效。

在中国，早期冒险成功的经验教育了市场，所以每当冒出一个新业务，大家都拼命"烧钱"，进行饱和攻击。比如团购大战、打车大战、共享单车大战、支付大战等。这固然有资本充裕的因素，因为大家都想成为最后的垄断者。

用户的采购分为第一次采购和重复采购。第一次采购时，用户不了解你的产品，怎么推销呢？其主要原则就是发动猛烈的信息攻势，全方位铺货、打广告、强力地推等。而在重复采购时，用户已经知道产品的情况，再灌输信息就没什么效果了，所以此时要把信息灌输密度降下来，转而提升用户服务满意度。

就像农民种地要根据季节，很多行业也有季节性，只是季节性不明显，优秀的销售会总结行业的波动规律，从而做出明确的任务分配。

这就是波段操作，道理很简单，只是绝大多数公司从未意识到。

按经济学原理，在竞争激烈的市场，一切资源都被有效地定价。如人流密集地的商圈租金一定贵，贵到无利可图的地步房东才会停止涨价，商家赚钱的秘诀是其能比别人更有效地利用位置流量。饱和攻击也遵从这个规律，将"炮弹"

投入处于上升期、关注度高的地方，才会带来放大效应，才能获取利益，就像书店总是推广畅销书。如今人们对手机的关注度很高，那么在手机上投放广告是有效的；如果人们不再关注手机，在手机上投放广告的效果就大打折扣了。

第三节　理解销售，树立信心

据说阿里有一次营销培训，马云过去看了一下，培训师正好讲到如何把梳子卖给和尚。马云说把这个员工开除，和尚没有头发，硬要把产品卖给他纯属忽悠，公司不能做这种事。

马云虽然这么说，但阿里巴巴最初的 B2B 业务干的就是把梳子卖给和尚的事。阿里和所有厂商一样，都想做对顾客有用的产品，但做到这一点却不容易，尤其是创新产品和创新商业模式，能够命中市场需求的可能性是不大的。就像最初互联网是将报纸的内容搬到网上，阿里最初的业务模式就是把马云熟悉的电话黄页搬到网上，而且提供比黄页丰富得多的内容。

有了这样的想法，必须找到用户购买他的"线上黄页"，草根出身的阿里就找小微企业挨家挨户地上门推广，阿里和当时的网络游戏公司无意中发明的地推模式，后来成为中国推广许多新产品、新应用的关键营销模式。但是，用户掏钱在阿里上建立了网页真的能够促成销售吗？实践证明，其实是做不到的。阿里也要活下去，在没有找到真正能给客户带来价值的产品之前，梳子也是要卖给和尚的。

马云亲自培训时说："我们要求销售人员出去时不要盯着客户口袋里的 5 元钱，你们负责帮客户把口袋里的 5 元钱变成 50 元钱，然后再从中拿出 5 元钱，每一个销售人员都要接受这种培训。如果客户只有 5 元钱，你把钱拿来，他可能就完了，然后你再去找新的客户，那是骗钱。帮助客户成功是销售人员的使命。"为顾客创造更大价值的想法绝对是正确的，做到可就难了。在很长时间里，阿里推广 B2B 业务所获的会员费甚至高于网络给顾客带来的销售额，这样的产品还有什么价值？

生存是最重要的，没有真货时也要先卖假货活下来。后来，阿里找到了淘宝业务，找到了真正的客户价值，业务才爆发性增长。阿里后来把这种做法总结成"借假修真"，实际上很类似于骑驴找马，但多了一点邪性的攻击性，不过在不知道市场需求的时候，用假设的、假冒的东西探路也是被鼓励的。

很多公司销售部门对自己商品价值不是那么确信的，这是一种理性的态度。非用不可、非你不可的产品是很少见的，大多数产品都有可替代性，都是可有可无的，用力推一下顾客就买了，不用力推动，你就没有订单。

销售是一种竞争行为，一切竞争行为都必然是过度繁殖的。竞争的世界，你不去抢，就丧失了机会。大家都去抢饭吃，就推动了经济发展。

虽说以客户为中心的大方向是对的，在战术上，奋力牵引销售也是对的。20 多年前，IT 行业还很不发达，我卖服务器、昂贵的网络设备。当时的销售经理说，实事求是地讲，我们每卖出一台服务器给用户都是一笔罪恶，多数情况，用户根本用不着这么贵的设备，还有大量买而不用的情况。从当时的情况看，销售经理说得没错，符合事实。但从今天来看，没有当初的浪费，就没有今天 ICT（信息与通信技术）广泛的应用。所以现在我看到有些场合摆上了毫无用途的人形机器人，很多政府办事机构多此一举的在门口设置了人脸识别进入机器，也可以理解：把无用之物摆在那里很显然是被厂商过度推销的结果。

有顾客购买产品就证明了产品的价值，销售要做的就是尽力去推销。产品的销售没有真实价值或者价值很小，销售额就是一条涓涓细流。如果产品真有价值，产品的销售收入就会呈爆发式增长，变成大江大河，阿里的 B2B 业务是涓涓细流，淘宝就是大江大河。

市场经济下，人们都想赚越来越多的钱，因此，总是供过于求。于是销售变成了一种斗争，销售者要与客户斗争，让客户购买产品，尽量多地购买；要与对手斗争，只有斗争的胜者才能获得顾客的青睐。与客户斗争，必须是斗而不破；

与竞争者斗争，则是必须凶横残忍，你死我活。

为了应对艰苦的斗争，公司要鼓舞士气，还要给销售系统施加压力。每个公司年初都会制定很难完成的销售目标，销售员在压力之下，会寻找尽量多的机会，获取尽量多的订单。

《华为基本法》第一条有这样一段："**为了使华为成为世界一流的设备供应商，我们将永不进入信息服务业。**通过无依赖的市场压力传递，使内部机制永远处于激活状态。"

"无依赖的市场压力传递"有浓烈的任正非语言风格，在公司内部也是一个常用术语，但是没有多少人知道是什么意思。其大致的意思是，先给市场部施加压力，牵引公司前进，其他部门则要支撑拓展，产品就贴近用户需求，提高质量，跟上服务，这样压力就传遍了公司。而无依赖的意思是不走捷径，电信设备销售是重度销售模式，客户关系极为重要。但华为早期就坚持不让当地人销售，而是让陌生人去销售，去建立客户关系，把订单啃下来。这样的销售更扎实，也增强了逼迫提高产品和服务质量的效果。

第四节　一线呼唤炮火的体系

淮海战役后，华东野战军司令员陈毅曾深情地说："淮海战役的胜利，是人民群众用小车推出来的。"淮海战役中出动民工 543 万人，大小车辆 88 万辆，挑子 30.5 万副，筹集粮食 9.6 亿斤，运送到前线的粮食就有 4.34 亿斤。参战兵力与支前民工的比例高达 1：9，强大的后勤补给保证了前线的胜利。

在军事战争中，后勤保障历来都是关键要素。销售也是一样，在公司运作中，销售好比前线作战部队，后勤部门的支援是很重要的。

军人出身的任正非对这一点有深刻的领悟，华为早期形成的"一线呼唤炮火"的打法非常有效。这样做出的产品更贴合用户需求，可以不断积小胜为大胜。

一线呼唤炮火的说法是较早就提出来的，后来又提出饱和攻击，这样一来，也可以将一线呼唤炮火看成是饱和攻击的一种重要手段。

当企业不断强调"一线呼唤炮火"的指导思想，各个部门就会思考如何落实这个思想，在经过长期实践并取得成效后，就会在企业内部形成面向市场需要的企业文化。

《华为基本法》中还没有"一线呼唤炮火"的说法，但以市场为中心的思想已经比较明确了：

【第三十三条】市场变化的随机性、市场布局的分散性和公司产品的多样性，要求前方营销队伍必须得到及时强大的综合支援，要求我们必须能够迅速调度和组织大量资源抢夺市场先机和形成局部优势。因此营销部门必须采取灵活的运作方式，通过事先策划与现场求助，实现资源的动态最优配置与共享。

在华为员工入职培训时，华为一般会强调员工在公司生存要学会求助，贯彻求助意识。华为的新销售人员到了一线销售岗位，通过流程、惯例、师傅带徒弟的方式，很快就能掌握怎么呼唤炮火的求助方法。

一线呼唤炮火体系

华为围绕着市场销售，至少有六个主要部门提供销售支援。华为内部除了流程之外，还有由专门的接口人员或者接口部门负责部门之间的连接。每个部门与市场的接口都规定了支援市场的具体条目。

研发接口：

· 支持客户需求的理解和开发。

· 支持定制化产品开发。

· 支持技术问题的答复。

· 解决客户的疑难问题。

客服接口：

· 支持解决客户运营问题。

· 支持对客户的服务承诺。

· 支持制定和实施服务解决方案。

· 客服的数据报告也是发现商机的一个渠道。

市场接口：

· 支持品牌营销活动。

· 支持展会、论坛、峰会等大型活动。

· 支持提供市场研究资讯。

· 支持客户促销活动。

财务接口：

· 支持开具发票等回款凭证。

· 支持对账、催收货款。

· 支持客户融资、保理等业务。

物流接口：

· 支持货物仓储和运输，实现客户的交货地点和时间要求。

· 支持对客户交付期限的答复。

· 当交付出现问题，支持采取补救措施。

生产接口：

· 支持订单的生产履行。

· 支持交付时间点的预估。

· 支持定制化物料的采购。

· 支持定制化产品生产。

把华为支持销售部门较为详细的条目罗列在这里，方便读者照猫画虎，根据自己的情况，先构造一个后勤部门支持前线作战的条目去实践，通过实践熟悉了怎样支持前线作战，进而形成全体支持前线的文化氛围，就能改善销售业绩。

不过一般公司各个部门都有自己的任务，支援一线销售说起来容易，做起来难。比如研发部门有产品开发路标，支援一线销售会打乱开发任务，影响开发进度。有很多情况下用户提出的需求是个别的，甚至是伪需求，满足这种类型的需求价值不大，这种情况怎么办？

同时，过于强调支援销售一线，也会把一线"惯坏"，频繁的呼唤炮火也会让成本增加，还可能拖累其他部门。

怎样处理这些矛盾？

管理的问题没有一种方案是完全有利的，都有 A、B 面，陷入辩论，久拖不决是最糟糕的。世间的事大多数一旦陷入辩论就会永无休止，没有结果。美国关于是否控枪，辩论双方各执一词，数十年来都没有结果，而美国的枪击案却时有发生。

面对 A、B 面的权衡、取舍问题，第一条处理原则就是简单粗暴。任正非说矫枉必须过正，就是这个意思。第二条处理原则就是精细化优化。一线呼唤炮火当然有副作用，先呼唤，满足一线的要求，慢慢地就会进化出一种规则。

华为的许多事情都是这样做的，先僵化，后优化；先粗定原则，后梳理精确的方法。不理解这一点的，关起门来，想推敲出一种很好的方法，就会永远不行动，永远没结果。

"一线呼唤炮火"是一个以客户需求为中心的指导思想，其具体方法也是不断发展的。2017 年，任正非在销服体系大会上，又一次较为全面地解释了一线呼唤炮火——让听得见炮声的人做出决策。

公司主要的资源要用在找目标、找机会，并将机会转化成结果上。我们后方配备的先进设备、优质资源，应该在前线一发现目标和机会时就能及时发挥作用，提供有效的支持，而不是拥有资源的人来指挥战争、拥兵自重。

谁来呼唤炮火，应该让听得见炮声的人来决策。而现在我们恰好是反过来的。机关不了解前线，但拥有太多的权力与资源，为了控制运营的风险，自然而然地设置了许多流程控制点，而且不愿意授权。过多的流程控制点，会降低运行效率，增加运作成本，滋生了官僚主义及教条主义。当然，因内控需要而设置合理的流程控制点是必需的。

去年公司提出将指挥所（执行及部分决策）放到听得到炮响的地方去，已经有了变化，计划预算开始以地区部、产品线为基础，已经迈出可喜的一步，但还不够。北非地区部给我们提供了一条思路，就是把决策权根据授权规则授给一线团队，后方起保障作用。这样我们的流程优化的方法就和过去不同了，流程梳理和优化要倒过来做，就是以需求确定目的，以目的驱使保证，一切为前线着想，就会共同努力地控制有效流程点的设置。从而精简不必要的流程，精简不必要的人员，提高运行效率，为生存下去打好基础。

一线呼唤炮火的体制就是落实销售导向、市场导向的更具体的操作方案，销售一线最了解用户的情况，他们呼唤炮火，其他部门跟上支援力量，就更容易夺取销售的胜利。而后勤队伍到前线支持，又真实了理解了用户需求情况，做出的产品就更符合用户需求，从而形成销售和产品竞争力的良性循环。

第五节　建立压力传递系统

销售是一种抗阻活动，十分吃力，对付阻力的方法就是"胡萝卜加大棒"——胡萝卜就是奖励机制，大棒就是压力机制。

"毫无依赖的压力传递"是华为的一个术语，在早些年用得很频繁。大家知道大概意思是什么，但公司并没有较为明确的解释。

《华为基本法》有三处提到了压力传递：

【第一条】为了使华为成为世界一流的设备供应商，我们将永不进入信息服务业。通过无依赖的市场压力传递，使内部机制永远处于激活状态。

【第二十条】我们遵循价值规律，坚持实事求是，在公司内部引入外部市场压力和公平竞争机制，建立公正客观的价值评价体系并不断改进，以使价值分配制度基本合理。

【第三十条】市场拓展是公司的一种整体运作，我们要通过影响每个员工的切身利益传递市场压力，不断提高公司整体响应能力。

每个公司的销售压力都是很大的，公司通常都给销售部门、销售主管、销售员制定一个很高的销售目标。员工的奖金、升迁，甚至淘汰等都直接与销售目标完成情况挂钩。在重压之下逼着销售员去见客户，去想办法战胜阻抗。

故意引入压力

在相当长的时间，华为只做电信设备供应商，电信设备是运营商的生产性设备，其基本的商业模式是运营商安装好设备，把通信能力铺设到千家万户，用户使用这个网络交给电信运营商服务费。

电信设备对运营商的重要性就像酒店大楼对酒店的重要性一样，所以，运营商采购通信设备是头等重要的大事，会涉及电信运营商的所有主要部门。

2B 型销售供需双方频繁接触，产品竞争力和关系竞争力是 2B 型业务的两大支柱。关系在销售中非常重要，华为一直坚持的有违常理的一个做法是**不允许当地人做当地的生意**。比如家乡是湖北的销售员，不允许在湖北销售，如果非要在湖北，只有做职位比较低的工种。主要销售岗位最多 3～4 年就会调动，不让销售人员在一个地方根扎得很深。

在陌生地方做生意，显然压力更大，好处是销售员远离熟悉的地方，没有自己的生意和人脉关系，更容易专注于工作。

有两句话，华为自己不怎么引用，却描述了华为的想法。第一句话是尼采说的："凡是杀不死你的，会让你更强大。"第二句话据说也是一句谚语："选择困难的路，才是通向成功的捷径。"

2010 年，华为、联想都首次进入《财富》500 强。柳传志评价说，好比登珠峰，华为选择的是陡峭的北坡，联想选择的是相对平缓的南坡。后来，华为自己也常常说要登珠峰北坡。可见，走困难的路、做好打硬仗的准备、长期艰苦奋斗的思想已经融入华为的思考习惯了。

压力传递

要说销售压力大，华为排不上号，很多公司销售员完成不了任务就得走人，纯粹从压力的角度说，华为销售人员压力比同行要小。

在《华为基本法》里面说的压力传递，是华为比较有特色的管理模式。压力传递大致的意思是市场为了销售产品，压力巨大，所以要把市场的压力有效地传递到华为的各个部门，通过压力激活组织。

　　华为是一个研发密集型的制造业，华为成立不久，制造外包就是行业的主流模式了，华为生产主要是外包的，因此，华为生产线工人很少。一直以来，华为研发人员占公司人员比重在45%左右，销售服务人员占35%左右。这两个系统都是作战系统，在华为叫"一线"。市场只要把压力传递到研发体系，80%的华为的员工就承压了。

　　很多起步早、条件好、实力强的外企败给各方面条件都远不如它们的中国企业，最重要的原因是缺乏有效的压力传递。例如，微软的MSN与QQ的竞争，亚马逊、易趣（eBay）与淘宝的竞争，时机、产品、财力、人员等各方面都处于优势地位，后来逐渐被超越，就是因为它们的中国公司主要只是一个市场机构，市场的需求不能有效传导到总部，时间一长，就被时刻紧跟市场需求的中国公司取代了。

　　华为早期的市场导向很明显，有个人解释华为"以客户为中心"时说，这就是指客户经理可以投诉研发副总裁。其实以客户为中心在内部就是以市场为中心，强烈的市场结果导向导致研发经理有一半以上的时间都在公司的销售平台上转悠，内部交流、外部交流是研发经理的日常工作。这种模式让研发对需求的理解直接、深刻。同时2B型销售由于总是跟客户深入交流，客户也有时会有一些想法，研发产品的也会琢磨一些创新点去引导客户。这样就夺下来一个个项目，建立了一个一个的差异性、护城河。

团队都要承受压力

华为销售压力系统的设计也十分科学，不是简单地定一个较高目标而已。

首先，华为不实行提成制，一直以来就是实行目标制，制定各个区域目标时就比较细致考虑到不同的难度，把产品送给发达区域的客户比在边远地区卖更困难；但发达地区一旦撕开了一个口子，示范的影响力则远大于边远地区。

其次，在设置指标时，也充分考虑到了不同产品在市场上的成熟度，考虑到了产品销售的成长规律。成熟产品要起量，不断提升产品在网络中的位置，就要从边缘打到核心，从小城市向中心城市挺进；有些新产品只要求开一个实验局，做一个样板点。

华为安索夫矩阵方法

华为通过不断开发新品类发展，按着安索夫矩阵方法[1]，老产品、老客户要起量，做成现金流；老客户、新产品优先拓展，华为从电话交换机起步，逐步变成了品种最齐全的电信设备供应商；老产品、新客户次优考虑；避免做新产品、新客户的多元化，这样就减少了冒险，保证了成功率。

第六节　四个关键要素

公司可以根据所在行业的销售特点发明自己的方法论，这种方法论用起来更得心应手、严丝合缝。

有了方法论，就容易按图索骥，销售管理也有套路、有章法了。

华为管理的方法论基本上都是从销售电信设备总结出来的，比如电信设备销售难点是门槛高、进入困难，同时销售电信设备没有获客环节，客户目标明确，数量有限。客户一旦购买，产单量大，不断重复购买，从而降低了销售成本。除此之外，电信设备行业的销售还有如下特点：

---

1 安索夫矩阵方法：策略管理学派安索夫提出企业业务扩展方法，分成老客户、新客户、老产品、新产品四个要素。通常企业扩张策略是老产品卖给新客户或者在老客户那里销售新产品。必须有一个成熟的"抓手"才更容易成功，华为的方法是率先拓展老客户新产品，即不断地增加在电信运营商销售的产品种类。

第一，销售电信设备像所有 2B 销售一样，需要客户关系支撑，这种客户关系不是一锤子买卖，需要长期合作。所以，客户关系是第一个要素，做电信设备销售需要丰富的手段建立立体客户关系，后面还会有一节专门讲客户关系。

第二，电信设备是运营商的生产工具，它对用户的重要性远远高于企业自用的设备，运营商对设备的技术、质量、特性理解相当深入。起初，华为公司比较小的时候，主要是卖单一的设备，比如程控交换机、路由器、传输设备等。后来，设备越做越全，华为生产了运营商需要的所有主要设备。这时，华为开始主推解决方案，意思是一揽子设备，再加上一些集成服务。用户采购单独的设备自己集成还是采购一揽子解决方案，各有优缺点。采购单独的设备自己集成的优点是不被设备商绑死，能够保持讨价还价的筹码，缺点则是需要运营商自己有技术能力。采购解决方案的优缺点则正好相反，自己省事，但容易被上游的设备供应商绑定，丧失讨价还价的筹码。所以，总体上说大型运营商采购单独的设备为多，小型运营商则以采购解决方案为主。这段总结看起来挺简单，在实践中，摸索很长时间才慢慢找到规律。另外，销售者总是推销更适合自己能力和资源的方案，采购者则想尽各种办法破解供应方的谈判筹码。

销售方和采购方关系再好，人家掏钱买的是具体的产品，所以，解决方案是设备销售的第二个要素。

科技公司大量的研发人员都在为"解决方案"四个字工作。但是，顾客并不是自动理解产品理解解决方案的。推销环节对科技产品、对 2B 产品非常重要。所以，销售中的"解决方案"主要是指对产品的推销和包装活动。

第三要素是交付。华为早期设备质量不行，靠服务好弥补是很重要的一招。服务也是建立客户关系、洞察客户需要的一个接触点，华为的服务并不是简单地安装、维修。有个用户说，华为的服务真是好，安装设备时不留一点垃圾，还顺便帮助打扫、整理机房。有服务人员在安装设备时，顺便记录了用户机房的设备以及使用情况，根据这些信息可以推测用户购买设备的计划。这种经验共享出来，很容易复制。服务过程中还经常会遇到用户提出一些个性化的需求，这也是华为加强客户关系的机会。在新设备、极重要的网点，华为把设备安装上之后，为了保证设备的良好运行，华为甚至会派出员工驻点，一年半载地接触下来，彼此的关系就非常熟络了。

第四个要素是商务与融资。买和卖必然有讨价还价，价格从来都是买卖的最重要因素。2B 销售大多数都不是明码标价而是竞争性定价，有点类似于自由市场的讨价还价。但电信设备销售讨价还价所涉及的金额巨大，因此以什么样的商务策略竞争是非常重要的环节。华为多年实践，摸索出一套如何保证竞争性和营利性的流程策略。

销售人员顶不住竞争压力，通常希望公司能答应以较低的价格参与竞争。每个公司都有一套价格审批制度，而华为会分析、策划每个重要项目，进行分级、分类管理，在审批价格时综合考虑竞争性、营利性、短期利益、长期利益，所以华为的定价环节运作得很精细，效果也好。

运营商购买华为的设备用于提供服务，它们是重资产行业，这样的行业在公司初创期、大规模网络建设时期都需要大量的金融资产支持。上游厂商为了卖设备，给运营商做一些贷款担保或者其他金融服务就成了一个明显的需求点。20年前，通用电气开创了对下游客户的金融服务业务，是杰克·韦尔奇执掌通用电气时的一个亮点，这促进了通用电气的产品销售。20多年前华为主要在国内拓展业务，由于电信业务大发展，华为帮助运营商从银行贷款也促进了业务发展。后来华为拓展国际市场遇到了更多金融服务的需求，华为就将融资服务也作为销售关键要素。

在四大要素中，客户关系、解决方案、交付都有专门的职能部门负责落实，这就是华为的"铁三角"销售组织（后文将具体介绍"铁三角"销售组织）。实际上，三角是一种常态，根据实际项目需要，并不限于三角。如果有融资需要，财务人员也会参与到项目中，形成"铁四角"。

在企业运作的各主要环节中，人力资源、产品开发、战略管理的理论性要强过营销，而营销的实践性很强，遇到什么问题就解决什么问题，如果有共性的问题就找到较好的方案在公司推广。例如，在2B销售中，回款通常都是一个主要问题，大多数情况都是销售人员负责回款。早期华为到年底会派出大量经过培训的财务人员去客户那里取得回款，解决了让客户经理去催款和客户比较熟拉不下脸来的问题。华为财务找到对方财务，公对公，在业务上也对口，回款就比较容易。华为销售就是找到并解决这样许多具体问题的集合，公司有了一边找问题、一边找解决办法的习惯，进入一个新的行业，很快就能从学渣到学霸。一个公司形成了市场导向、销售导向的文化，一有问题就冲上去解决，很快就会形成自己有效的套路。

第三章

华为营销组织

　　管理思想要通过组织、具体的方法和人落实成一个个具体的行动才会有成效。组织是落实思想的承接者，比如销售要做客户关系就要有组织承接做客户关系的任务，组织里的人怎么做客户关系就有各种各样的方法和套路。

　　企业管理、营销都是在摸索中前进的，没有人能准确地预料到会有多少事情发生，更不可能知道在细节上该怎么做。但大致上需要做哪些事情是清楚的，管理思想主要是解决多岔路口的选择问题。比如，在市场销售中，到底是尽量节省成本还是尽量确保拿到订单？怎么对待各种不同的竞争对手？下级组织和人则是想各种办法、采取各种行动发现问题，解决问题，发明方法。不管什么样的组织结构，公司都是一个有秩序的智力资源池，上级策划大方向，下级就会在实践中完善、丰富落实方法。

　　2017 年 6 月，华为在上海开三天战略务虚会，任正非做了总结发言，题目是"方向大致正确，组织充满活力"，浓缩地概括了企业运作的基本模式。

第一节　先建组织还是先作战

要开拓一个市场，首先要有人，人太少，力量不够，容易涣散。招兵买马建组织，市场攻不下来，成本又太高。时间一长，组织就会涣散，丧失战斗力，再而衰，三而竭。

怎么处理建组织和作战的关系？

任正非在给华为大学后备干部培养中讲了这个问题：

到底是先建组织，还是先上战场，我主张先上战场。我已经对企业业务的组织建设批评过了，忙着建组织，忙着封官，没任命你先上战场打啊，打下来不就当连长了吗？你们要以这个方式来考核和选拔干部。官怎么出来的？打出来的。你战功卓越，当了军长，然后跟着你的人当了团长，这个宝塔结构的体系是稳固的。而我们用任命的方法建组织，全世界撒了一大批官，实际上一盘散沙，根本没有作战能力。

集中到目标市场上去作战。打成功了以后，最厉害的几个走了，都升官了，留下一个守住这个阵地，我们的老虎就出去了。东打西打，二十几岁就应该打到军长，有什么不可以？你不要相信这个邪，就是往上冲，最终会有人承认你的，你没有冲，我就撤掉你。华为公司也是在作战中组建起来的，我们的干部是他们自己打上来的，不是选拔上来的。所以在组织建设这个问题上，我同意徐直军的观点，就是在主战场、主项目上，集中了所有优秀骨干力量，打成功了，总结，分流，体系就组建起来了。不用作战的方式组建队伍，用任命的方式组建队伍，是没有用的。

任正非讲的是顶层设计的原则，在真实执行时并非这么单一。1999年我去华为时，我们数据通信行销部已经成立了半年，有40人左右，但是还没有一个订单。我很纳闷，为什么有这么多人还没有订单，大家每天飞来飞去，这么高的成本我都觉得心慌，公司咋就能沉住气呢？后来我理解了公司这种做法，公司胸有成竹是因为这是一种拓展其他产品进化出来的成熟打法，没有订单只是火候未到，电信设备有销售周期长的特点。那么，华为第一个行销部是怎么来的？就是从业界抄来框架，在实践中完善职能，根据市场变化，不断调整组织架构和工作重点而形成的。

有资源的大企业做一件事习惯于重度投入资源，排山倒海地进攻。2012年，华为公司进入企业网已经有些年头，业绩却远未达到公司期望。此时，公司采取了一个激进的扩张行动，企业网部门在一年内人数从 8000 人增长到 20000 人，然而销售增长仍然缓慢，结果大量的员工找不到事做，公司只好大裁员。

华为有激进增长的惯例，1999 年销售额比 1995 年增长了 8 倍，人数却增长了 20 倍。直到 2015 年，华为人均销售额才恢复到 1995 年的水平，考虑到整个中国人均效率的巨大提升，华为人数增长策略是非常激进的。

年份	人数	销售额（亿元）	人均销售额（万元）
1995	800	15	188
1996	2500	26	104
1997	5600	41	73
1998	8000	89	111
1999	15000	120	80

1995 年后采取激进的员工数量增长策略

"人力资源优先增长"在相当长的时间内是华为的信条，任正非说过："华为第一次创业的特点，是靠企业家行为，为了抓住机会，不顾手中资源，奋力牵引，凭着第一、第二代创业者的艰苦奋斗、远见卓识、超人胆略，使公司从小发展到初具规模。"

2012 年的华为企业网比当年实力强大得多，复制当年人力资源优先增长的策略看来顺理成章，结果却没有成功。事后总结一下，可以说当年华为对电信设备市场已经非常熟悉，赛道框架构建得很好，往里面堆人容易成功。而企业网市场则是一个非常分散的、华为尚不熟悉的市场，在没有深度理解这个市场成长规律的情况下贸然行动就会导致失败。这种情况在许多大公司非常常见。

在华为总结过去经验的一个官方材料上，对行业洞察总结了这样几条规律：产品相对标准化、代际变化相对缓慢；客户群体相对集中、具有相似性；商业模式比较稳定（2B 模式，客户主要购买产品与相关服务）。

这几条规律与华为发展模式有很大的关系，简言之，就是一种产品、一种模式一旦成功，比较容易按照类似的方法进行拷贝。成功的大公司都有相似的特征，找到合适的产品和商业模式，发挥现代企业规模复制的优势，夺取一个个的市场。

华为在拓展海外市场时，采取类似华为最早期的打法，先派出去小股部队摸索市场，找到门道之后再方阵式推进。虽说主体上全球运营商采用基本上相同的设备、相同的商业模式提供服务，但是在细节上还是有一些不同。"主干清晰，末端灵活"是华为流程的指导思想，也是华为拓展不同市场精炼的总结。

第二节　销售组织

华为电信设备销售是两把尖刀的组织作战结构，两把尖刀即客户线和产品线的产品行销部。

作为后发展的公司，前面自然有很多公司可以参考。华为诞生于 1987 年年底，那个时候，市场经济刚开始施行不久，现代化的管理理念和方法远未像现在一样普及，简单地说，整个社会都比较土。华为较早的时候就琢磨怎么跟现代先进企业接轨。在引入镇洋咨询之前，华为在人大教授的引导下，花了三年时间搞了一个《华为基本法》，共 103 条、17000 字。在本书中，我多次提到《华为基本法》，因为华为公司的架构和管理思想的骨干在搞《华为基本法》时就想清楚了。我读《华为基本法》时会想到《留侯论》里"此其所挟持者甚大，而其志甚远也"这句话。在实践中，我慢慢地领悟了公司的指导思想是如何变成实际行动的。

关于华为销售体系的组织结构，《华为基本法》里有几处描述，最重要的是两条：

【第三十一条】营销系统的构架是按对象建立销售系统，按产品建立行销系统，形成矩阵覆盖的营销网络。

【第四十四条】公司的基本组织结构将是一种二维结构：按战略性事业划分的事业部和按地区划分的地区

公司。事业部在公司规定的经营范围内承担开发、生产、销售和用户服务的职责；地区公司在公司规定的区域市场内有效利用公司的资源开展经营。事业部和地区公司均为利润中心，承担实际利润责任。

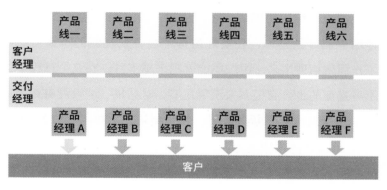

华为矩阵组织

矩阵结构的优势

矩阵结构是华为早期提出的一种组织结构指导思想，写进了 1998 年制定的《华为基本法》之中。所谓矩阵结构，就是华为有很多种类的产品，也有不同区域的客户，如吉林省、山东省等。这两个维度，一横一竖，就构成了一个二维表，每个员工都是二维表格上的一个点，既有区域属性，又有产品属性。矩阵结构的指导思想很容易理解，后来成为华为组织结构的核心思想，华为每个销售系统的员工都隶属于区域和产品两个维度，一个为主，一个为辅。非销售系统也参照了矩阵结构，每个员工都在两个管理系统的交叉点上。例如，上海研究所的一位手机硬件研发人员的主维度属于手机产品线，同时也归属上海研究所管理，是一个辅助维度。

把矩阵结构落实成实际的组织，给组织角色赋予一个大体的职能开始运作，在实际运作中总会发现新的事情可做，工作面就拓展出来，组织职能就越来越丰富。在这个过程中，不可避免的也会有很多人没事找事，对结果、绩效没有作用，所以，组织也要不断地改革，简化流程，去掉组织中的"死皮"，保持新陈代谢能力。

按客户对象的体系就是客户经理，按产品建立的行销系统就是行销部，这两部分的分工，紧密配合堪称组织结构的设计的经典之作。

按区域分布的客户经理主要职责是要取得客户关系、安排接触点、传播产品信息（Information）、对已经销售的产品做好服务、让顾客满意（Turst）。产品行销部主要职责是制造并传播信息（Information）、传播产品价值（Value）。客户经理和行销经理密切配合。

组织结构有很多种类型，吃得透、搞得好一种组织结构，可以适应很多情况。组织节点到底做什么工作的细节，比纸面上的组织结构更重要。有很多小公司都设置了很多部门，存在流程混乱、部门之间信息闭塞的问题，其根本原因是没有吃透组织结构的内涵，胡子眉毛一把抓，一个组织最好围绕着一项核心职能扩展一些辅助职能。

华为选择二维矩阵结构作为公司主体结构有两个原因：

第一，行业公司基本上都是类似的组织结构，华为是一家照猫画虎的公司，模仿性大于原创性。

第二，在实际运作中，发现这种结构很合理，适合行业特点。在实践中。华为不断总结优化，逐渐将这种结构的细节做到非常好。

好老师、好的学习资料固然对提高学生的学习成绩非常重要，但决定性的因素还是学生自己。华为就是这样的好学生，它的模仿对象、咨询公司解决了大致的方向问题。华为在实践中，不断练习、矫正、深化，用一段时间就掌握了精髓，能够很好地解决实际问题。

电信设备销售主要特点是进入门槛高，进入极为困难，但利润也高，一旦形成规模销售，利润丰厚，这就可以支撑公司扩张和饱和攻击。

电信行业是通过遍布各个区域的网络赚钱的，所以各地电信公司天然有采购需求，即使后来电信公司普遍采取集中采购模式，但各地区的计划、建设、网络运维仍然是十分重要的。所以，以行政省为单位建立销售的主体结构仍然是合理的，这就有了按客户分布建立销售组织的第一个维度，这个维度的主体责任人是客户经理。

从华为创收的角度，需要不断扩充产品线。起初卖程控交换机，然后是卖传输设备、业务与软件、数据通信设备、移动网络设备，等等。这些产品都要卖给各个区域的用户，于是就有了第二个维度，按产品性质划分的产品行销部。

电信公司的项目销售一般都是区域公司购买一种设备，比如河北电信购买数据通信设备，那么华为河北代表处的客户经理和数据通信行销部的人员就会组成一个项目拓展小组。

在精细化运作方面，华为这种二维结构非常细致。

首先，华为按客户区域分布组织的销售机构部署到位，相对成熟产品的行销部也部署到位。新产品的行销部门是一个总部大、延伸到各个区域比较小的结构。当销售新产品时，先把人员囤积在总部，派少量人员下到前线去接触客户。比如东北三省最开始可能只派一个人去，哪里有项目信息或者可能有客户购买，这个人就去哪里。随着项目进展，销售线索越来越多，总部就会派更多的人到前线去，比如在东北三省每个省都派一个新产品销售人员。

当新产品完成了很多区域的突破之后，很快就有可能扩大战果，行销部的人员就大量部署到各个区域，展开饱和攻击。这样一来，在初期不会发生资源冗余、浪费资金、战斗力懈怠的情况。而在扩大战果时期，也不会因为资源投入不够贻误战机。

后来，华为拓展海外市场，把二维结构原样搬到海外，搞一段时间发现海外国家小，项目没有那么多，在每个区域都部署重兵太浪费，所以就把一些资源集中到各个大区域，小区域则有小部队维持客户关系，一旦有重大项目，大区域的资源就扑上去，以项目为中心进行运作。在公司内部，则搞定了项目管理赋能的问题，形成了以项目为中心运作的考核方式，这样一来，就很好地解决了销售资源配置问题。

我们现在总结，这几行字就说清楚了，但在实际中，华为很可能好几年才能发现这个问题。而更多的情况是，即使运作很多年，也未必能发现问题，导致资源浪费，划水的人多，干事的人少，就成为常态。

矩阵结构精妙运作

华为公司成立 20 年，一直在电信运营商这个老客户上拓展新产品，电信运营商要求高，采购流程复杂，新产品进入很困难，华为多年跟运营商做生意，已经了解了产品销售的成长规律，所以通过比较精妙的销售设计，新产品总是能够很快地突破市场，成熟产品则能迅速扩大市场份额。

第一，考虑到成熟产品是公司的现金流，客户经理主要承担卖成熟产品的任务。他们不愿意卖新产品，又费功夫，见效又慢，产品不成熟、不稳定还会影响客户关系。于是，让产品行销部承担新产品销售任务就是比较好的设计。产品行销部都是卖专项产品的，别的产品好卖跟你也无关，你只能硬着头皮去卖新产品，这就形成了一个"无依赖的压力传递"系统。但新产品也需要客户平台，产品经理要借助客户经理提供的平台和客户关系去拓展市场。

第二，许多公司也看到了客户经理不愿意卖新产品、不愿意洗盐碱地的问题。他们采取新部门拓展新产品的策略，这种模式容易形成诸侯林立的"事业部制"，分散了精力，不容易集中力量办大事。华为为了避免形成一个个的诸侯，采用的方法是新产品一旦拓展成成熟产品，起量的责任就转移到分布在各个区域的客户经理手上。这样做的好处是不削弱区域销售的主导作用，面对客户始终有单纯的界面。费劲把产品拓展成熟了，行销部为什么愿意交出权力？因为这是公司的管理制度，加上人员是不断调动的，防止了"屁股决定脑袋"。任正非说要砍掉中层的屁股是有一系列的制度设计保证的。从长期看，这种制度设计对大家都是有好处的。因为我们这个行业产品生命周期比较短暂，就算你当了诸侯，也是无法持久的。通过这种制度设计，搞定了人才复用的问题，是公司和个人的一个双赢方案。

第三，考虑到不同产品的销售难度，兼顾到公司战略方向的牵引。华为经常用虚拟销售额的办法鼓励新产品销售。新产品难卖，如果卖100万，算你完成了400万的销售任务，这样的政策就保证了公平性，平衡了卖新产品吃亏的问题，起到战略牵引新产品的作用。

第四，有些项目成功要两个部门配合，为了防止推诿，华为经常采取"双算"的方法。有时，双算也是扶植新业务的一种实用的方法。如服务业务通常都要搭着设备去一起销售，如果单纯由设备销售部门去销售，他们会嫌麻烦把服务业务赠送给客户。而单独派队伍销售服务业务又很麻烦，不易成交，双算就成了一个较好的解决办法，因为服务经理也有销售任务，他会和设备销售经理勾兑，这个压力传递出去，服务收到钱的可能性就大大增加了。

推而广之

每个公司、每个人都会按着习惯的方式做事情。设置组织结构也是如此，华为公司的组织结构都是参照销售电信设备的矩阵式组织结构设计的，通过嵌套，大矩阵里面可能还有小矩阵，每个人都是矩阵上的一个交叉点，分属于两个部门。后来这个结构被拷贝到了公司的绝大部分部门，通过嵌套结构，覆盖了大部分工作岗位。

邮电管理局后来拆分成了国内的三大运营商，华为的组织结构也做了相应调整，成立了电信、移动、联通三个系统部，各地的客户经理被划分到不同的事业群。比如浙江省代表处的客户经理属于某个系统部，同时，他也属于浙江省代表处。他的主考核机构是浙江省代表处，辅助考核则机构是该系统部。

这样做的好处是，他在本地完成具体的销售任务后，公司可以通过系统部掌握各个区域人员的情况，便于比较、选拔人才，为客户经理的调动、升迁提供了客观依据。

再比如，郑州的一位数据通信行销经理，他的主考核机构郑州代表处，辅助机构则是数通行销部。因此他在具体工作机构完成销售工作，产粮食；在辅助机构完成执行战略、资源求助、赋能等工作。

后来，华为进入了企业网市场，这个市场虽然也是销售通信设备的，但和电信运营商相比，客户非常分散，订单都比较小。

面对不同的客户特点，用什么样的组织去推进销售？

答案一定是以自身熟悉的结构为本，建立一些具体的职能部门。运营商设备是直销模式，企业网设备是分销模式，所以，企业网一定要增加渠道管理部门。但在部门主体结构上，还是可以按客户群和产品类型划分成二维结构。

进入一个新市场、一种新类型的客户群，就要调整组织结构和作战方法，调整好就容易成功，否则会导致失败。伏龙芝军事学院大门上写着："一切战术要适合一定的历史时代，如果新的武器出现了，军队的组织形式与指挥也要随之改变。"

一般人在琢磨组织结构方面是缺乏天赋和预见性的，所以根据客观需要，有一个大致的结构，在实践中通过解决具体问题是通常的途径。华为开始就是根据行业需求搞了一个简单的矩阵结构，发现并解决一个个问题之后，组织结构才精细化。

华为组织是发育性的，高层为了某一个具体的事会指定人员成立一个部门，比如成立一个专门打击竞争对手的部门，成立一个管控合同质量和执行的部门，成立了互联网广告传播部门。至于这个部门要做什么样具体的事，不可能提前就想得很清楚、规划得很好，需要部门在实际工作中开拓工作面，完善工作内容，这样才会慢慢成熟。

华为主张每个员工应依靠自身的努力与才干，争取公司提供的机会；依靠工作和自学提高自身的素质与能力；依靠创造性地完成和改进本职工作满足自己的成就愿望。

有的领导开拓能力强，创新能力强，让他去领导新部门，他不断拓展工作面，就有可能打出一片天地。有的人适合按部就班的工作，就让他管理成熟部门，井井有条也很好。

就算是非常成熟的电信设备销售体系也会出现问题，客户经理、产品行销组成的二维矩阵结构在新产品拓展时是很有效的，当产品矿脉拓展结束，接下来都是扩容的工作，产品行销部的功能必然弱化。用户第一次购买产品时，传播产品信息很重要，都已经采用你的产品了，扩容时大量的信息传播工作就不需要了。

第三节   华为铁三角的故事

电信设备产品的销售具有产品技术性强、需要厂商提供较为专业的售后服务等特征。1993 年，华为公司有 400 人，销售额为 1.03 亿元，销售组织形成了客服经理（客户关系）、产品经理（技术交流）、服务经理（售后服务）三种主要角色。我们称为铁三角，但并不出名。

在国内，华为以服务好著称，但这套服务体系距离国外的要求还有很大距离，因为国外大多数电信运营商不像国内运营这样强，它们需要更深度的服务。华为在国内服务主要是售后安装服务，没有搞过全套电信运营解决方案的深度服务，没有这方面的经验是阻碍华为海外市场拓展的一个原因，后来，华为在非洲率先解决了给运营商深度服务的问题。在国内销售时，华为是"狼狈"组织，就是前面客户经理加产品行销的模式，售后服务主要是为了提高客户满意度的，并不直接参与销售。国外交钥匙工程多，能否很好地提供交付的服务也成为销售的一部分，这就是华为"铁三角"销售组织的由来。下面这部分内容是最早汇报铁三角模式的几个人写的公司内部分享文章。

我们为什么会输掉

2006 年 8 月，苏丹的太阳炙热烤人，首都喀土穆的气温快到 50 度了，热浪一波一波地袭来，让人感到缺氧眩晕。

在一间像盒子一样的小房间里，十几个男人眼睛红红的。客户经理饶晓波把头深深地埋在手臂里，从嘴里咬出几个字来："为什么？我们为什么会输掉！"

6 月，苏丹电信获得毛里塔尼亚的电信运营牌照，准备在那里投资建设一张移动通信网络。华为是收到招标邀请的两家供应商之一。

代表处立即行动起来，冒着酷暑，克服停水停电的影响，披星戴月干了两个月，结果却是另外一家公司独家中标，华为被彻底排除在外！

"我们几乎没有反应过来。"饶晓波回忆说，"当客户宣布招标结果的那一刻，我们都懵了！这对我们是一个巨大的打击！哪怕客户给我们一点份额，都说明我们还在！但现在，我们彻底出局了！"

沮丧万分，这群男人把自己关进了房间。在闷热的房间

里，大家不停问：我们为什么会输得这么彻底？我们的问题
到底出在哪里？到底该怎样解决？

这是真正的原因吗

2004 年，彭中阳被派到苏丹组建代表处。华为作为后来
者，逆水行舟，队伍只花 1 年时间就取得了骄人成绩——
2005 年年底，苏丹代表处成功跻身公司亿元代表处行列。

虽然一切似乎都向着繁荣和美好发展，但此时一些问题
也开始显现出来：随着业务增加，部门墙也越来越厚，各个
部门管理各成一摊，内耗增大，面对客户深层次的需求开始
慢慢变得被动、互相推诿和迟钝！

这一切隐含的问题，等到了 2006 年的某个项目上，开始
全面显现出来了。客户对华为各部门答复不一致、答复无法
实现非常失望，说华为"只会说不会做"！

曾经参与该项目的一位同事说，我们不但输了项目，还
输了"人"，很长一段时间，想起这事心里都犯堵。

喀土穆的热浪仍然一波接一波，代表处的总结也是一波
接一波，客户线、产品线、交付线等各个部门的同事都在总
结反思：

> 在这个项目中，我们团队沟通不畅，信息不共享；

客户关系也似乎很不到位；

执行产品解决方案不能符合客户要求；

交付能力不能使人满意；

……

真正的原因到底在哪里

讨论中，大家提到的一些现象，引起了代表处特别的注意。

客户召集网络分析会，我们带了七八个人去，每个人都向客户解释各自领域的问题。客户 CTO 大为不悦，当场抱怨："我们要的不是一张数通网，不是一张核心网，更不是一张 TK 网，我们要的是一张可运营的电信网！"

有一件事让大家记忆深刻。竞争对手在 TK 站点中设计出太阳能和小油机发电的"光油站点"，而我们的方案还是用传统的大油机。这明显是没有充分关注到客户运营成本的压力。

我们客户线的人员本来在与客户的交流中获取了这点信息，但却没有把信息有效传递给产品人员。而产品人员由于受到传统报价模式的影响，总以为客户会给出一套答标，坐失良机。

"诸如此类的小细节被忽视，表面上看是业务量迅速增长、人员新，以及后勤滞后造成人员疲于奔命所带来的影响。"彭中阳说，"但根本的原因，是我们的组织与客户的组织不匹配，我们还在按照传统模式运作，客户线不懂交付，交付线不懂客户，产品线只关注报价，都只关注各自的一亩三分地。对于客户的需求，我们更多的是被动响应，以我为主，这样岂有不失败的道理！"

打破楚河汉界

真理越辩越明，代表处认识到，要在苏丹市场重新发展起来，就必须调整自己的组织与客户组织匹配，做厚客户界面是关键。

"首先在代表处强调'业务一盘棋'。"技服出身的彭中阳在也门代表处做主管时就产生了这样的想法，他说，"我们的客户经理一去拜访客户，习惯会先问客户什么时候落单，什么时候签约，容易忽视倾听客户需求。但当我们加入交付、产品，甚至融资回款等视角，我们的关注点就会从'我要做什么'转移到'我能帮你做什么'，变被动为主动，更好去帮助客户成功。"

2006 年年底，代表处任命饶晓波、王锷、王海清三人组成客户系统部的核心管理团队。饶晓波统一负责客户关系，王锷统负责交付，王海清负责产品与解决方案工作，面对客户的时候，实现接口归一化。

在苏丹这样一个条件艰苦的国家，大家从无到有、摸爬滚打，已经逐渐建立了团队文化和情感，再加上制度的牵引，客户经理、产品经理、交付经理等角色很快融合到了一起。他们一同见客户、一同交付、一同办公，甚至一起生活，面对客户的时候不再七嘴八舌、各执一词。不但如此，大家通过融合还逐渐了解了对方领域的知识和技能。

经过半年的运作，彭中阳发现代表处的面貌发生了变化，他说：

> 最典型的就是饶晓波、王锷、王海清三人组成的核心管理团队。在没有饶晓波的情况下，王锷和海清也能把客户关系做好，海清不在的时候晓波和王锷也能把产品工作做好。在和代表处的交流中，客户脸上也出现了久违的笑容，代表处在一些项目上又逐渐取得了优势。

水到渠成"铁三角"

2007 年，彭中阳伏案书写给公司领导的工作汇报，再回首 3 年来苏丹的业务拓展和管理摸索。当他在总结"在关键客户群建立核心管理团队"的经验时，代表处之前经历的客户投诉、内部壁垒、扩张阵痛都在脑际——闪现，而最终将这些业务发展中的问题解决掉的也正是将客户、产品和交付紧密融合的三角组合模式。

"三人同心，其利断金。"彭中阳感触着它的威力，"就叫
'铁三角'吧。"

从此，"铁三角"开始在苏丹代表处流传开来。对"铁三
角"的运作机制也越来越明晰。

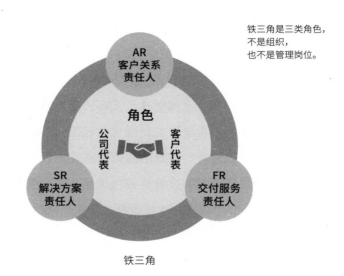

铁三角

在对客户的领导层面，饶晓波、王锷、王海清就是"铁
三角"：客户线是饶晓波，大部分时间以他为主心骨，负责把
握客户关系的火候，到什么时候该做什么动作，如何在关键时
刻发现机会点；识别关键机会点后，王海清负责设计出满足客
户价值的解决方案；快要到交付了，就由王锷发挥关键作用。

彭中阳说："不仅仅是针对客户的领导层，针对客户的每

一层组织我们都明确提出了'铁三角'的运作模式，最初的点对点被动响应客户，现在已经转变为面到面主动对接客户了。"

随着"铁三角"作战模式的实践和发展成熟，代表处迎来了收获。

2007年，苏丹电信决定在塞内加尔建设一张移动通信网络。"现在该是真正检验我们铁三角成色的时候了！"饶晓波激动地回忆道。

6月，代表处把客户邀请到深圳做最后的方案交流，现场宣讲完后，全体客户都站起来鼓掌，经久不息。

王海清回忆说："从来没有经历过这样的场景，客户的CEO、CTO、所有到场的CXO、所有的经理，全部站起鼓掌！点头微笑向我们致意！那一刻，我感觉我们的苦没白吃！在那个时候，我们感觉到铁三角的威力真正发挥出来了！我们重新站了起来！"

王锷也深有感慨："签约仪式中，我作为交付人员也被邀请参加，而这样的工作以前都是由客户线完成的！大家一起打粮食的那种滋味，真让人欣慰！"

磨砺三年的"铁三角"还在继续发挥着积聚的能量，2009年2月，华为全网搬迁另一厂商UMTS网络；3月，华为独家拿下苏丹S运营商海外最大子网项目；4月，华为独家签订其全国G网项目……

随着"铁三角"在苏丹代表处的成功运用，北非地区部把这种作战方式在各代表处和关键客户群进行了推广，成果明显。

以客户为中心，发挥团队作战的优势

始于苏丹的"铁三角"，如今已形成星火燎原之势，在公司业务开展的各领域、各环节广泛应用。

"铁三角"成员在面对客户时，他们代表的不仅仅是客户关系、解决方案或者交付，而是代表客户诉求和价值的成长。

2009年1月16日，在公司销服体系奋斗颁奖大会上，全球各地的优秀铁三角团队一一登上颁奖台，接受公司授予的荣誉。

作为首先提出"铁三角"概念并付诸实施的主管，对于"铁三角"运作模式的推广和落地，彭中阳有以下一些体会。

首先，"铁三角"成员需要有很好的合作精神，不能吃独食。苏丹管理团队核心成员都很开放，具有团队精神，不贪功。

其次，"铁三角"成员要有良好的服务意识。"铁三角"作为一种面向客户的组织，需要主动积极关注客户面临的挑战和压力，并将其转变为内部的组织行为，要有帮助客户成功的心态。

最后，"铁三角"成员还需要有良好的学习能力。在实战中努力让自己做到一专多能。

展望未来，这种运作模式在各地区部、代表处的推广和实施，彭中阳也保持清醒的认识：

我们希望把"铁三角"当作一种组织价值观去推行，目前主要依靠师父带徒弟的方式，如何将其形成制度和流程，还有一段很长的路要走。而这种制度化的过程又会面临一种矛盾，"铁三角"本来就需要因地制宜，在不同市场、不同文化背景中，"铁三角"的运作模式应该有所不同，不能全盘照抄。如何在种种矛盾中找到平衡，还需要继续探索。

思想上的艰苦奋斗铸就了"铁三角"

北非地区部努力做厚客户界面，以客户经理、解决方案专家、交付专家组成的工作小组，形成面向客户的"铁三角"作战单元，有效地提升了客户的信任度，较深地理解了客户需求，关注良好有效的交付和及时的回款。

铁三角的精髓是为了目标，打破功能壁垒，形成以项目为中心的团队运作模式。

古人云："行成于思而毁于随。"出现在中东北非地区部的"铁三角"运作模式，是一线根据客户实际需求和环境变化，勤于思索，及时调整运作方式，最终赢得了客户。可以说是思想上的艰苦奋斗铸就了"铁三角"。

华为的核心价值观之一就是艰苦奋斗，尤其是思想上的艰苦奋斗。这种思想上的艰苦奋斗体现在殚精竭虑为客户创造价值的任何活动中；体现在时刻保持危机感，不骄不躁；体现在对工作的"高标准、严要求"；体现在日常工作中，不断反问自己：我们的工作还能不能改进？我们的效率还能不能提升？

这种不断地自我提升和修炼的过程，就是思想上的艰苦奋斗。

华为业务开展的各领域、各环节，都会存在铁三角，"三角"只是形象说法，四角、五角，甚至更多也是可能的。只要是有利于服务好客户，相关的角色及功能都可以纳入。

2009 年，公司各部门都在努力提高人均效益，在这个过程中，只要我们聚焦在以客户为中心，解放思想、开动脑筋，坚持思想上的艰苦奋斗，不断改进，各级组织、甚至每个岗位就能找到各种因地制宜的、提升工作效率的好方法、好机制、好工具。

无论处在什么样的环境，思想上的艰苦奋斗始终是华为取得进步的法宝之一。

第四节 学习型组织

华为拓展海外市场时，中国的影响力远没有现在大。2000 年，中国 GDP 首次突破 10 万亿人民币，排在世界第六，比美国的十分之一多一点。考虑到后发展国家品牌滞后效应，华为对海外公司销售高科技设备，难度之大可以想象。

例如在一个南美国家，华为拓展了三年都无法见到该国任何一家电信运营商的主要领导，于是华为抓住了一个外交场合的机会，见到了某个运营公司的 CEO，对方说中国不是一个农业国家吗，怎么可能卖电信设备？

公司怎么解决这样的问题？

海外市场打开局面之后，业务发展迅速，到 2005 年，来自海外的销售收入超过了华为总销售收入的一半。这个时候，又出现了一个问题——安装服务跟不上。华为被安装服务问题搞得十分焦虑，因为不能按合同完工，会有各种罚款。这种情况应该怎么办？

针对第一种情况，客户经理自然会请用户到中国看看到底是不是一个农业国。高层请不动就请基层员工，客户不愿意来就给客户看有关中国的宣传片。来到中国之后，华为接待客户系统很专业，会根据海外用户情况定制各接待项目，通过接待一个客户，扭转一点在对方心中的印象，很快用户就改变了对中国的看法，也改变了对华为的看法。

比如，华为总结、优化了接待国外客户参访的流程，在上海、北京、广州、深圳等地都设置了接待国外客户样板点。前方的客户经理只要把用户请到中国来，后端就可以确保用户满意。公司把动员海外客户到中国参访这个流程叫作"新丝绸之路"，总结了一套自己的打法，非常有效。

第二种情况：海外的交付问题怎么解决呢？华为的解决办法就是看看成熟的竞争对手是怎么解决这个问题。

前面我们提到的华为学习爱立信的交付做法，就是一个典型例子。因为爱立信做得好，是成功的，就要向爱立信学习。

华为就是通过自我学习、向同行学习、向顾问学习等方式迅速提升能力的。

销售是非常具体的、实践性极强的活动。在销售过程中，要深入洞察用户需求，解除一个个用户抗拒点，排除一个个的障碍，绕过一个个的陷阱。而解决这些问题需要销售人员的经验和作战能力，更需要把共性问题总结成成熟的套路，让销售人员的工作有方向性、步骤上的指导。

很多销售的套路，写出来可能只有那么一点点培训材料，但真正执行起来把这些方法落实下去，是比较难的，需要坚强的组织意志推动。

例如，像爱立信的按站点交付原理，我们用了几百字就写清楚了，但华为却用了将近三年才捋清楚这件事。这是因为使用这种交付方式，首先，销售一线服务工程师的工程勘测计划能力要全面提升，让很多服务工程师能够对每个站点做详细设计到针头线脑不是那么容易的；其次，从填写订单到后端供应链流程都要改，运输环节也要调整，而把这些都运作熟练以适合不同国家、不同区域的情况，也需要很长时间的磨合，还需要坚强意志的组织推进。

所有优秀的公司都是善于学习的公司，要经过很多的实践才有可能总结出一点点有用的经验。爱立信是怎么发明"按站点交货"的？很可能他们以前也遇到了和华为类似的问题，交付总是非常困难，于是某个区域的销售琢磨出这套方法，并从一个不太复杂的场景交付中取得了成绩，逐渐就成为爱立信的成熟方法。

总结经验必然是一个压缩事实的过程，华为这么多年，能总结出来的销售套路也不是很多，而且听起来也不神奇，但熟练运用就会产生结果。德鲁克在评价泰勒的四步工作法时说："泰勒的方法听起来没有什么了不起的——有效的方法常常如此。其实这套方法花了泰勒整整 20 年的时间去试验，才整理发展出来。"泰勒的《科学管理原理》是一本只有五六万字的小册子，却是一本改变世界的书。

学习必然是解压缩、放大、细化的过程。"新丝绸之路""按站点交付""铁三角"，只要稍加解释就清楚是什么意思，关键是如何细化到真能执行，细化到动作和步骤，使其有办法操作，有办法评价。

向同行中优秀的公司学习和总结是特别重要的，但是一般的公司对标同行会停留在表面，深入不下去，这样就掌握不了精髓，操作环节一打折扣，最终的效果就差得很远。

大多数公司都说自己的执行力不强，要改变这种情况，强化执行力的方法必须多管齐下。执行力强的公司必须是上面有想法、下面有办法的公司，而且从最高层面需要塑造注重实践的执行文化。在华为，销售不单是市场人员的事，而是全公司的事，销售怎么才能落实呢？就是许多部门都要亲临市场，去看看到底是怎样做成生意的，怎样理解客户需求，怎样满足客户需求。

公司顶层只需要知道业务的主体发展方向，并且知道怎么去抓落实就行，并不需要知道细节，当然也不可能有那么多精力知晓细节。华为当年引进的第一个大型变革项目集成系统开发（IPD），是由任正非亲自大力推广，用各种办法消除阻力的。他认为不搞这个东西，组织千军万马研发产品就很困难。而产品研发是当时的主要矛盾，必须狠抓落实。即使在推行过程中确实出现了一些问题，他也要坚持搞成功IPD，并提出"削足适履""穿上红舞鞋""先僵化、再优化、后固化"等很多原则，以平息在项目实施中的争议。

任正非本人并不怎么懂IPD的具体内容，在一次接待客户时，华为高级副总裁说："任总并不懂这个IPD变革，他就懂这三个英文字母 IPD 啥意思，IPD 怎么搞，不知道。"这也是华为的特点，下属可以说领导的不是，不会假装把领导奉为神明，但领导的决策必须要去执行。

怎么样才能落实呢？

一、不断地强调要推行的核心理念、流程、组织等。强调到人人都知道，有关部门去想办法落实。

二、下级部门要有办法落实公司指示。例如，2010 年 11 月的海南三亚会议已经定下了华为手机业务要面向最终消费者，等于高层已经在资源上松绑，那么运营商的需求也可以满足，怎么组织人马、调动资源，去洞察、去实现消费者的需求，就是要手机部门自己去想办法了。

三、先建试验田。推行账实相符，按站点交货等改革项目，都是先集中优势兵力在一两个地区做好试点，把细节搞透，排除地雷、难点，把一个地方搞清楚了，再搞其他地方就容易多了。

四、树立榜样，惩戒落后。大多数的政策措施落实不了都是有理由的，其中一个最关键的理由是不能让落实者立即看到效果。带海外客户参观中国并不能很快签单，动员好几拨人来中国参观考察，花钱花精力，看到效果有时也要很久；在产品研发上下功夫，把产品质量搞上去了，消费者也未必就买单。但如果认为方向是正确，公司就要求坚定地推行。公司要倡导一种行为，就要树立榜样，让大家知道是怎么回事。

五、领导亲临一线督战。马云说过：管理是盯出来的，技能是练出来的，办法是想出来的，潜力是逼出来的。大多数情况下，并不是公司高层一指示，基层组织就会迅速行动，所以为了落实执行情况，公司领导要到一线去了解、检查落实情况，看看有什么不切实际的地方需要修正，有什么障碍需要排除。华为在落实销售大流程LTC时，遇到很多实际问题，比如确定一个合同的环节过多，每一份合同都要让用户方盖13个章，而且还要让销售人员填写许多表格、文档，执行起来确实有困难，于是，领导派出工作组调研，研究修正方案。

六、团队作战，分享经验。销售任务工作不是完全能够计划的，比如公司要推广一种新产品、一种新业务，一般很多地方都会同时推广，而各地的销售人员有不同的创造性推广活动，只要有一种办法获得了成功，就应该复制、推广这种打法。华为电信设备销售周期长、项目金额大，给新手操作有可能浪费机会，所以团队作战，新老搭配，既确保项目的成功率，也锻炼了队伍。如果是单兵作战的地推业务，可以通过分享经验，通过有经验的人示范，让其他人掌握销售的基本套路和技巧。阿里早期的地推把这个方法总结成"我说给你听，我做给你看"。

七、人员调动。中国政府在多年来一直采取通过干部调动的方法，把先进地区的发展经验带到落后地区，效果很好。

公司也应该是这样发展的。阿里和华为都采取了不断调动干部和骨干的方式，带动一个个区域的销售。销售和生产线不同之处是销售对象也是一个变量，这就注定了流程、套路不可能像生产线一样操作，销售中必然有很多灵活性和创造性，个人天赋在销售中的作用经常是很大的。在销售工作中，技能的成分大于知识成分，知识比较容易通过培训掌握，比如有关产品特性的知识，技能主要靠实操掌握。有成功经验的人带领团队，比独自摸索进步要快得多。

　　学习型组织是华为最根本的竞争力，这也是华为能够不断适应新形势，甚至跨越不同行业的核心秘密。一个公司的成长，在小公司时期主要靠斗志和具体的办法，到了一定的体量，就逐渐靠流程、势能和惯性运作。流程和惯性是公司丧失学习能力的主要原因。当环境变化或者进入一个新领域，原来的流程和惯性就会遇到巨大的阻力，公司发展的动力被阻力遏制，就达到了一种平衡，公司无法再继续前进。

　　学习型组织就是能够打破这种惯性，建立新的适应性。任正非对此的总结是大乱之后大治，大治之后再大乱，不断在革新中、在否定自己中前进。这值得每个公司学习。

第四章

华为营销方法

　　绝大多数员工每天都要做具体的事情，在销售线要去策划项目、拜访客户、呼唤支持等，还要通过开会沟通情况、调整策略、解决团体有效配合的问题。销售也必须发明一系列具体方法，每种方法都是通向成功链条上的一个环节，华为在营销实践中发明了丰富的武器库，既有核弹也有冲锋枪和匕首。其他公司都可以从这些方法中得到启发和借鉴，总结、发明自己的武器库。

第一节　九招制胜

　　德鲁克说，有效的管理就是让平凡的人做出不平凡的事。销售方法就是让普通员工也能做出非凡业绩，华为早期有一个导向就是要摆脱对人才的依赖、对资金的依赖、对技术的依赖。

　　我认为所谓摆脱对技术的依赖，其实摆脱的是对他人技术的依赖。摆脱对资金的依赖主要是发展要根据公司资源适度牵引发展，步子不要迈得太大，稳健经营。在华为公司的历史上，即使在最危险的时刻，也是盈利的，在高风险、波动巨大的 ICT 行业华为是绝无仅有的案例。而摆脱对人才的依赖就是靠组织能力、靠流程、靠各种具体作战方法。就像生产线和自动化不断提升效率，降低对员工技能的要求一样。

　　销售是绝大多数公司最重要的部分，运营一般的公司通常特别依赖有能力的销售员。最典型的表现就是只有少数明星销售员，有大量的销售员无法完成基本的任务，有大量的目标市场无法突破。

　　一个公司摆脱了对明星销售员的依赖，在业务上一定能上一个台阶。摆脱对明星销售员的依赖的主要方法，就是找到行业的销售方法和规律，销售员按步骤操作，多人配合，查缺补漏，就像生产线上的工人，加工零件，拧拧螺丝，最后就组装出一部机器。

　　在销售实践中，华为总结了很多方法和套路，有些方法和套路总结成了有形的材料，被用来培训员工。还有大量的隐性知识——许多人熟悉、执行者会操作，却没有总结成系统的材料。尽管华为是一家擅长总结的公司，但是相对美国公司，总结能力还是比较弱的，很多好的方法并没有总结成条理清晰的方法论和理论。

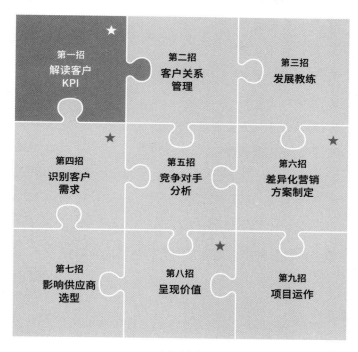

九招制胜

2004 年，华为在泰国得到爱立信公司赢单 11 招的材料，华为经过分析、加工，结合自己的实践，做成了《九招制胜培训材料》，这是华为培训客户经理的一个主要培训材料。

九招制胜不是一个完全有顺序关系的步骤，是完成销售要做的九件事，具体内容是：

1. 解读客户 KPI

2. 客户关系管理

3. 发展教练

4. 识别客户需求

5. 竞争对手分析

6. 差异化营销方案制定

7. 影响供应商选型

8. 呈现价值

9. 项目运作

整个内容非常多，我选几个有特色的内容解释一下。

解读客户 KPI

这是最有特色的一个步骤。从关注用户需求的角度上，销售员分为几个层次。第一个层次的销售员只关注自己想卖的东西，对客户需求不做深入研究；第二个层次的销售员擅长察言观色，琢磨用户的需求，在与客户接触过程中，也能不断加深对客户需求的理解；第三个层次是公司通过系统的方法和步骤训练过的销售人员，他们会把分析客户需求、理解用户需求作为销售的一个步骤。

这几种类型的销售高下立见，第一种销售是菜鸟级别的，偶尔会销售成功，大部分情况会莫名其妙丢单；第二种销售是有天赋、成熟的销售人员，琢磨清楚客户需求显然会提高成功率；第三种销售是最好的模式，即便是新手，即便销售员天赋一般，项目组帮助分析，这样会让大家更全面、深入地理解用户需求。

得到客户 KPI 并不难，里面可以包括理解客户的商业模式、主要成功要素分析、客户的竞争环境、客户各主要岗位的 KPI 等。

难的是通过解读客户 KPI，系统性地、从宏观上理解客户需求。电信设备和电信运营商的联系非常紧密，电信设备是运营商的生产线，全面分析客户 KPI 就是很有必要的。假如你卖的产品对用户没有那么重要，比如把网络设备卖给企业，就不需要这种全面的分析，企业只是使用网络，并不需要网络给它创造价值，所以企业的 KPI 和你销售的产品关系不大。

要灵活、正确理解华为的销售方法，生搬硬套是没有必要的，效果也不会很好。

发展教练

在大型 2B 销售中，销售方都希望尽量多地了解用户的内情，发展教练就成了一个必要的步骤。

所谓教练就是在客户内部找到跟你关系瓷实的人，他能够把情况告诉你，客户教你应该怎么做，所以叫教练。

大多数组织，尤其是大型企业，都有较为复杂的人际关系，大家的看法也不一致，利益也不一定相同。供应商彼此之间是竞争对手，在客户内部往往也有明里、暗里支持不同供应商的人。通过多种途径找到教练教你怎么运作项目显然直接有效。情报对于销售是极为重要的，行业趋势和动向、竞争对手情况、客户需求、决策链上每个人的想法，这些都是很重要的信息。

差异化营销方案制定

每个差异点都是营销点，比如矿泉水和纯净水其实差不多，但厂商可以在这个差异点上做文章。

多特性、技术含量较高的产品通常都会包含很多差异点。和消费品相比，工业品可以通过点对点密集信息轰炸方式将差异点营销成优点，甚至可以营销成一种默认的标准。

比如，光伏逆变器是将光伏发的直流电转变成交流电的一种设备，一直存在集中式和分布式两种模式，各有优点。在华为进入这个市场之前，一些外资企业主推的分布式逆变器基本上被集中式逐出市场，华为进入这个市场选择了分布式的技术路线，通过强力的营销又把分布式营销成主流。

华为早期的逆变器的技术交流材料用了 16 页 PPT，对比分布式与集中式，从设备成本、安装、维护、发电量等许多角度算账，最后得出结论分布式明显优于集中式。

差异化是个基础，假设客户中有人倾向于你，你要用差异化给客户提供选择你的理由。这样的项目签订之后，你又可以把这个作为证据说服中立的客户。当很多客户都选择了你的方案，你的差异化就成了不言自明的优点，成了一种势能、一种标准。

电信设备行业不是一个巨大的行业，全球也只有 1200 亿~1500 亿美元的市场空间，但电信设备对全球 2 万亿美元营业额的运营商极为重要，电信设备包含了很多技术要素和复杂服务、一定程度的个性化定制，这些要素组合在一起，让电信设备的销售成为最复杂的销售。

一般行业销售用不了电信设备销售这么复杂，但销售的实质是类似的，通过设计营销步骤让大多数销售员的每个工作都有价值，通过连环的努力，逼近成交的结果。

第二节　客户关系管理

2B 业务销售有很多销售的办法，因为能找到销售对象，用各种办法影响买方决策，不像 2C 产品，老虎吃天无处下口。不管简单的还是复杂的项目，最终都是人来决定的，所以在 2B 业务中，客户关系都是非常重要的。

"用户选择我不选择你，就是核心竞争力""干部要做的三件事就是布阵、点兵、请客户吃饭"，这都是华为很多人熟悉的任正非语录。华为和许多销售强悍的公司一样，非常重视客户关系。前面一节说客户关系是华为销售总结的四大关键要素之一，实际上对销售人员而言，客户关系是最重要的要素。尽管解决方案重要性更高，但解决方案主要是占公司员工总数接近一半的产品开发人员负责的。

为了做好客户关系，公司有一整套指导思想、方法、步骤安排，销售人员只要按着步骤去做，客户关系基本上会维护和提升。公司有一些案例，供学习、培训。

做好客户关系首先摆正客户关系的位置，客户关系在战术层面重要，但在战略层面，客户利益更重要，为了夺取项目，客户要帮助你，但你也要帮助客户做出好成绩，这样的客户关系就会越用越厚，就是所谓的双赢。许多靠关系生存的公司就没有认清这个问题，靠关系起步，不思进取，不改进产品和服务质量，关系越做越损，公司就很难成长。

前面我们已经说过，华为从创办起，销售部门就有个规矩，不让当地人在当地做生意，和客户打交道的主要人员要不断轮换地点，以防止懈怠、山头、组织板结等问题。这种做法还为了让客户关系在公司手里，而不是在某个人的手里，这样公司品牌力就逐渐提升。

· 从关键客户关系切入

· 扩散到普遍客户关系

· 那么，如何建立组织客户关系？

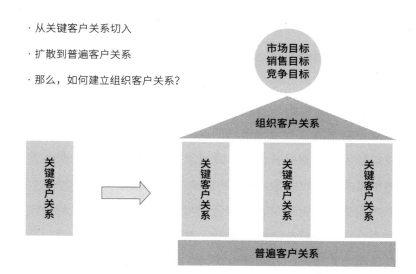

华为客户关系管理大厦

　　客户关系管理大厦是华为做客户关系的灯塔，华为将客户关系分成三个层次，重点瞄准关键客户关系切入，做好普遍客户关系，最后形成组织级的客户关系。

　　关键客户关系就是在购买决策链中起关键作用的人，要想得到一个具体的订单，必须要获得客户采购决策人的支持。

　　普遍客户关系指客户中的基层客户关系。任正非在一次讲话中说："每一个客户经理、产品经理每周要与客户保持不少于5次的沟通，当然，还要注意有效提高沟通的质量。我们一再告诫大家，要重视普遍客户关系，这也是我们的一个竞争优势。普遍客户关系这个问题，是对所有部门的要求。

坚持普遍客户原则就是见谁都好，不要认为对方仅是一个运维工程师就不作维护、介绍产品，这也是一票呀。"电信设备采购决策层次高，是运营商的关键资产，所以，即使不是主管计划建设的部门在采购决策中仍然有发言权。华为的重量级竞争对手为了见效快、降低成本，主要就是做关键客户关系。华为则很重视普遍客户关系，广泛的群众基础让华为获得了很多信息和机会，逐渐蚕食掉竞争对手的市场。

组织级的客户关系是指公司与公司之间基于战略的合作关系。通过战略契合度的提升，系统化构建战略价值运营商的组织客户关系，持续提升华为在战略价值运营商的参与空间、销售规模、市场份额、盈利能力及竞争格局。

通过这样一些具体步骤可以实现组织级的客户关系的提升：战略解码及战略匹配计划；高层互访机制、高层管理团队定期年会机制（每年1～2次）；CXO层面的沟通顺畅度、频度及对公司认同度；高层sponsor制度下的各专业工作组定期例会（如路标研讨等）；实质性战略合作协议。

所有公司都是要持续不断地实现一些事，销售就是最重要、最直接的事。在激烈竞争、供应过剩的情况下，随波逐流的销售方式不可能很成功。上层有战略、规划，中层有流程、步骤，操作层有具体方法，销售成功的可能性才更大。顶层策略就是对市场规律、市场规则的洞察，抓住主航道，设计好商业模式，组织结构的骨干；中层抓流程、套路实施，发明套路的机会不是非常多，遵守流程上规定的方法、动作，产出结果才可控，这是公司经营多年熟悉的、被证明是有效的方法；基层就是要落实每个动作，比如做好普遍客户关系、关键客户关系、组织级的客户关系是目标，这些目标要靠一个个动作实现。

"为什么要建设 IT？道路设计时要博士，炼钢制轨要硕士，铺路要学士。但是道路修好了扳岔道就不要这么高的学历了，否则谁也坐不起这个火车。"任正非说。把建设 IT 换成抓流程、搞营销套路也可以，有成熟的套路，按着这个方法做，成交的可能性就比较大了。大公司都是通过流程化、套路化实现可控性和规模化，降低对员工的要求。通过分工、专门化提高效率，与亚当·斯密 200 多年前发现"劳动分工提升生产效率"的道理是一样的。

第三节　理解产品

有不少销售人员在一个公司销售干得挺好，换一家公司或者换一个行业就会找不到感觉，找不到销售的门道，主要原因就是不理解产品的销售属性。**从道理上认识产品很重要，从实际中认识产品更重要。**

丘吉尔说："我们都是虫子，但我确信我是一只萤火虫。"

世界那么多种商品、那么多行业，都通过各种方法把产品销售给顾客，每种商品的销售方法都是人们摸索出来的，但能够说清楚方法背后的原理的是少数。

南美洲有一种切叶蚁，以习惯把树叶切厚片运输得名，这种切叶蚁竟然发展出来了农业——它们会让特定的树叶腐烂，以便使其长出它们爱吃的蘑菇。蚂蚁的脑子太小了，它们绝对不可能想象出种蘑菇的因果关系，这些行为只是写进它们基因序列的本能。人类大脑发达得多，他们会解释各种各样因果，在自然科学之外，这种解释能力被高估了。销售、购买的道理很多都是不能解释透的，只要这样做能产生结果即可，假设有一种更智慧的生物看人类的销售行为，可能就像我们看切叶蚁种蘑菇，会做，但不懂，因为销售大多数套路是摸索出来，不是推理出来的。李佳琦不清楚他带货为什么那么火，余承东也说不清楚华为手机为何这样畅销。

所谓营销有很强的实践性，意思就是你左冲右突找到一条很火的通路即可。

按照行规来

每个行业都有无数公司披荆斩棘，它们摸索出来的销售营销方法都是有道理的，尽管这个道理可能说不清楚，但是一定要默认它是有道理的。

存在即是合理，这句话不是白说的，所以后来者应该先学会，再通过实践慢慢调整，摸索出自己的销售方式。

很多企业都没有深入对标、研究同行的习惯，这是很不好的。

粗略地说，营销有几条大赛道，就是本书下一章要讲的，比如有推销、有坐商，有线上、有线下，有地推、有团队作战等。往细里说，门道就更多了，企业在营销领域做得细、做得深，就有可能超越了同行。华为就是有一种先按着行规来，然后深化、细化，具有了超越同行的能力，所以我总结华为学谁谁死。举个例子，华为起初也不会做线上销售手机，不过一旦做了，华为就不断学习、改进方法，很快就成了行家。

需求弹性

卖食盐的没有办法让顾客吃更多的盐、买更多的盐，但卖运动鞋的可以让顾客买很多运动鞋。在经济学术语里，商品需求量的可变性叫作需求弹性。

需求弹性这个概念对销售很有用，有弹性的产品可以通过营销创造更多的需求、获得更大的订单。

刺激需求是经济发展的一种主要方式，营销就是刺激需求的具体手段。比如在美国，零售店里的饮料普遍都是第二瓶半价，而且美国商超包装更大的产品，在性价比上要便宜许多，这是零售业挖掘需求弹性最简单有效的方法。在中国，非常方便的网购以及各种促销活动都让顾客买了更多商品，很多人买的衣服鞋子甚至从来没有穿过。

对公业务也一样，我家周边的道路的地板上竟安装了LED灯条，完全多此一举，还晃眼，但这个需求确实被商家引导出来了。

很多人都静态地、被动地理解了客户需求，没有把潜在的需求挖掘出来，把生意做大。相似的客户，如果你的同行总能比你获得更大的订单，说明你没有认识到需求的弹性，要改进营销方法获取更大的订单。

商品和销售方法的匹配

1995年，贝索斯准备建立一个购物网站，他最开始琢磨的事情就是这个网站卖什么东西。他琢磨了很多商品，都被一一排除，最后只剩下小家电、图书、音像制品这三个品类。他又琢磨小家电如果卖不出去的话，容易砸到手里，承受不了降价风险，最后就剩下图书和音像制品两样。

当年上互联网的人不多，通过网络购物更是一件新鲜事，与网购配套的产业链也差很远，要培育用户习惯必须找用户容易接受，便于运输、储藏的产品。

网红带货、电视购物在品类选择上都有讲究，因为他们的销售方法是既定的，他们要做的就是给这种销售方法找最适合的产品。

大多数情况下，产品是既定的，如果你是电视机厂，手机市场红火与你无关。

每个品类的产品都有少数几种主流的销售方法，每个成功的公司其实也只是熟练掌握了有限的套路。深入研究行业标杆是认识产品和销售模式匹配的最好方法，搞清楚其中的道理是最好的，搞不清也没关系，只要有样学样做到位就可以提升销售。

在坚持销售主航道的同时，也要进行一定的创新和尝试，一个行业销售模式的细节也是有多样性的，学标杆也不可能学得完全一样，比如产品、市场地位等很多因素不同，所以每个公司、每个人都要走出一条自己的路。

你的行业和华为可能不一样，读者要灵活地吸收经验，在底层销售思维上，比如要用胡萝卜加大棒的方式管理销售，要建立全员支撑销售的文化理念，不会有太多的行业差别。在具体操作层次，重点则是适合行业特点的销售办法，这些办法要从同行汲取经验，要从实践中优化，看华为是怎么做的，也会有很大启发。

第四节 "一五一工程"

1903 年，天才机械师福特在 40 岁时成立了福特公司。到了 1910 年，汽车经过 20 年的发展，市场需求开始进入爆发期，对汽车生产商来说，降低成本、提高生产效率成为关键问题。

福特发现汽车生产效率低下的主要原因是工人为了组装汽车要在车间里走来走去找零件，而寻找零件的时间是惊人的。福特为了解决这个问题，发明了流水线装配模式：汽车底盘在传送带上以一定速度从一端向另一端前行，在前行中，工人们逐步装上发动机、操控系统、车厢、方向盘、仪表、车灯、车窗玻璃、车轮，一辆完整的车组装成了。第一条流水线使每辆 T 型汽车的组装时间由原来的 12 小时 28 分钟缩短至 90 分钟，生产效率提高了 8 倍！

德鲁克估计，因为泰勒和福特，人类体力劳动的效率提高了 50 倍。德鲁克也说，科学管理并没有解决脑力劳动的生产效率问题，而我们现在所从事的工作大多数是脑力劳动。他说，脑力劳动者或者知识工人的生产效率在 20 世纪不仅没有改善，反而还下降了，这将是 21 世纪管理学最重大的问题之一。

可以把智力工作的流程看作流水线的变种，与体力劳动的流水线相比，智力工作的流程没有流水线那么有效。同时，智力工作的流程无法像机器流水线一样购买、安装，要自己"建造"，自己建造的流程往往有很多缺陷，优化流程也成为大公司竞争的一个要素。

自古"真情"留不住，偏偏"套路"得人心。

销售也可以通过建造流程、优化流程提升效率。但对销售来说，最好使的还是招法，而不是流程，而招法里最重要的是做到最好，比如大家都参加展览会，都接待客户，让用户给你加分的方法是把这些环节做得比竞争对手好。前面我们提到过饱和攻击首先就是要比对手投入大，如人数更多、营销费用更多，集中火力砸开一个口子；而这就是饱和攻击的第二个关键——招法要多；其第三个关键要素则是，招法要做得好，做得细。

"一五一工程"是华为销售电信设备最基本、最小的一个流程，具体意思是——一支队伍、一个资料库，五种销售动作分别是：参观公司、参观样板点、现场会、技术交流、高层拜访（经营管理研讨会）。

表面上看，这些方法也很普通，其他公司也很容易做，但在细节上的差别就体现出公司在销售能力上的差距。

通过这些流程步骤，让销售人员有正确的事情可做，不至于胡子眉毛一把抓，找不到工作重点，按着这个步骤做下去，就会增加用户接触，一步一步排除用户的顾虑，让用户相信你。"一五一工程"就是传播信息、让用户相信的具体做法。

因为销售的本质是通过信息传播价值建立信任，价值包括你的产品价值，方案是否具有可行性、经济性、性价比等。通过活动创造与顾客更多的接触点，才能够传播价值。同时，在接触点上，只有做到信息饱满、比竞争者更有优势，传播的价值才会打动用户。"一五一"是华为在 20 世纪 90 年代后期总结的，是华为比较早的时候就采用的一套流程方法，由于做得非常好，是一种很有效的销售套路。

参观公司

邀请客户参观公司是营销中最常用的方法，华为的过人之处在于每个环节做得特别好，对手很难做得到这么细致。这就好比考试，对于所有学生来说，课本、大纲、复习资料都是一样的，但华为就是"学霸"，能将知识吃得透，考的分数就高。

华为有专门接待客户的部门，叫客户工程部，我们在第一章"华为营销的故事"中已经讲了这个部门的来龙去脉。当前线的销售人员把客户请到公司，会通过工作联络单，把客户情况、接待要求写清楚，客户工程部就可以很好地、非常专业地安排好客户接待任务。一般在客户接待中，华为会安排技术交流、展厅参观、旅游购物等项目。

1999 年，我刚到华为时，公司已经有 12000 多人，销售额在百亿左右，华为自己只有一栋很小的四层楼，其余的办公室都是租的房子。虽然华为没有自己像样的楼房，但在客户接待环节，却确实做得非常细致。每个市场销售人员进公司都要在客户工程部实习一到两个星期，在老员工的带领下接待一两批客户，接待内容包括如何给客户定酒店、宴请、带客户到旅游景点旅游、参观公司展厅、在展厅给客人讲解产品等环节。

　　1999 年，华为公司还不算富有，公司也只有少数人有私家车，但华为用于接待客户的车辆已经是奔驰了。开车的司机我们叫礼宾车司机，他们大多数都是曾在天安门担任升国旗手的退役军人，形象非常好，接待客户的司机身上穿的也是公司给他们定制的阿玛尼、杰尼亚这一等级的西装，还带着白手套，规格就像我们在电视上看到的接待外国来宾一样。

　　在接待细节设计上，华为也达到极致的水平。举个最简单的例子，当客户经理陪客户吃完饭，陪同客户走出餐厅时，客户经理会按一下手机上礼宾司机的手机，并不用接通，司机就知道客人快要出门了，便将车子从附近缓缓地开过来，客人到达门口，车子也刚好停下来，司机会像接待外宾一样，下车给客人开门，整套流程下来，会让客户感到非常专业。

　　客人参观公司展厅，华为讲解人员的解说词也是精心编制的。我们华为新进的销售人员，都要进行展厅讲解过关考试，通过这样的锻炼，销售人员就能快速地掌握公司产品的基本情况。

参观样板点

样板点是 1997 年华为的接入网产品线发明的打法，由于易于操作又效果显著，所以很快推广到全公司，成为销售的一个主要环节。

公司展厅里的设备摆放再好，也是摆设，因为它没有安装在实际网络上，用户看了设备只能证明你有这种设备而已，并不能证明设备的可用性。

举个例子，华为推出一款新产品，这个产品到底能不能在实际的网络上运营，用户光凭销售员的推销介绍，有时并不能确信，会有顾虑。

怎么样才能打消这个顾虑呢？

接入网产品线就发明了样板点打法，这种打法主要用于新产品、新场景下的产品推广。

具体操作是这样的：新产品一旦开始销售，就会被安装到现网上，建立样板点的任务马上就会布置下去，包括房间装修、准备样板点讲解材料等。甚至新产品的样板点有时不止建一个，而是在不同地区、不同场景建多个样板点，这样能够很方便地请用户去样板点参访、交流。样板点的打法成本也不高，也不麻烦，但效果很好。

现场会

现场会是大型造势活动，华为公司推广重大项目时，会要求各地客户经理邀请客户参加现场会。

例如，2014年成都代表处经过了非常艰苦的努力，帮助电信公司把IPTV（通过电信宽带网络播放电视节目）的业务推广起来——IPTV是极其难推广的业务，各地运营商都打怵，不愿意推广这个业务。

成都代表处确实帮助电信公司将IPTV业务推广得比较成功。那么，这个成都代表处的成功经验怎样才能传播出去，为更多的用户知道呢？发资料、做宣传是需要的，但传播的信息强度不够，不足以让用户确信——许多买卖无法成交是因为信息强度不够。开现场会是华为公司拓展市场的规定动作。于是，2014年秋季，华为在成都开了一个有关IPTV业务的现场会，由电信运营商出面宣传——因为他们成功地开拓了一种新业务，这也是有光彩的事，他们也爱宣传，华为也可以通过这种方式加强客户关系。同时在现场，华为还派出业务推广人员、技术人员进行讲解，对IPTV业务进行现场演示、制作并播放视频资料等，现场会的内容相当丰富。假如我是用户，我也愿意尝试这个业务，现场会的打法让宣传变得很真实、很靠谱。

技术交流会

在电信设备行业，技术交流对推广产品来说是很重要的环节。这是美国公司发明的一种推销方式，当下科技企业在推销产品时，通常都要进行技术交流。

电信设备和机械设备相比更抽象，从外形上看不出门道来，用技术交流、测试等方式传播和验证这种类型的设备就是很自然的选择。

在新产品、新业务推广时，技术交流是一个很重要的环节。华为销售是两条线作战，一条是客户线，主要负责客户关系建设；另外一条是产品行销部，负责产品拓展。比如在河北，有负责电信、联通、移动的客户经理，也有负责推广移动基站、传输设备、固定网络的产品行销部。河北移动如果要购买基站，客户线和移动产品线交叉构成一个项目组促成技术交流，由产品行销部和客户经理共同负责，根据技术交流的重要性，行销部再派出专门的人去做技术交流。

华为把技术交流看得很重要，产品卖点梳理得相当清晰。一般而言，产品对顾客独特的价值、产品介绍、成功案例等是技术交流的重点。

为了让技术交流做得好，在公司部门内部也经常培训，进行比武和练兵，销售的主要材料也千锤百炼，尽量能打动客户。

销售方法的主干步骤容易学，没有秘密可言，关键在于方法的细节。华为就是对细节抓得非常到位，在与客户一次次的接触过程中，就拉开了和竞争对手的差距。

高层拜访

让华为高层出面拜访用户方高层是华为销售的一个招法，它解决了销售中职务对等问题。也有人说这招其实是管理经营经验交流会，"一五一"不一定就是 5 种死板的方法，比如用户都用过华为的产品，是一个扩容项目，可能就用不着技术交流推广了。还有可能用户出国参观考察，到先进地区看看情况，也都是销售的一个环节。

拜访用户的高层人物对大型项目显然非常重要，但高层不是那么容易见到的。1998 年，华为销售额达到了 89 亿元，员工近万人，已经是一个有规模的、专注于电信设备市场的大公司。但当时销售订单主要来自于边缘区域，华为的产品还很难进入中心区域，彼时华为的客户经理想要见到省级运营商高层领导，仍然是困难的。而产品要占领客户更高层的心智，由客户经理安排华为领导见客户高层领导仍然是很有成果的行为。1998 年，如果谁能够安排省电信一把手见任正非是一个很大的成绩。一般而言，销售员都想尽量见客户的高层，见的客户高层级别越高，拿到项目的可能性就越大，而且越大的项目中，决策者的层级也会越高。所以，能够见到客户高层、见高层的次数也是考核客户经理的指标。

客户经理如果没有这种程序化、有半强制性质的步骤考核安排，只有一个销售目标，往往不清楚干什么，拿下项目就有很大的偶然性，比如会销售的客户经理夺下订单的可能性大一点，不会做的能够拿到订单的可能性就很小。

与一般公司相比，华为早期就很注重销售实践经验，把一些重要的步骤固化成套路，在实施环节上做到精细化，这样项目销售的可控性大大增强，实现由偶然向必然的牵引。

第五节　"五环十四招"详解

"一五一"是华为搞销售的基本套路，由客户经理和产品行销经理共同完成。"九招制胜"则是客户经理打项目的套路。下面要讲的"五环十四招"主要是产品行销部的工作。

"五环十四招"将营销套路分解到可操作、可考核的层面，是非常有用的。当然，营销方法论是一个指导性的工具，需活学活用才有价值。

所谓"五环"，是根据营销 4Ps 方法论加上一个 Plan（计划）构成的，"十四招"则是华为结合自己的行业特点，经过实践经验总结出来的具体做法。

华为的这套营销方法用到的不仅有 4Ps，还有诸如市场细分、市场空间、价格竞争等经典营销学的内容，也融合在一起了。

Plan
市场规划
项目策划
销售预测

Place
聚焦价值客户
线索和商机管理
市场份额管理
（市场格局）

Product
产品包装
产品营销
销售项目需求
承诺管理

Promotion
区域品牌营销活动
五大关键营销活动

Price
价格管理
项目投标管理
创新商业模式

五环十四招

Plan（计划）环包括三招：市场规划、项目策划、销售预测。

市场规划就是制定销售战略，而销售战略主要靠产品行销部来制定和把握。卖一种产品全国一盘棋，哪里率先突破、哪里建样板点、市场空间有多大等问题，由产品部把握显然比具体销售网点更合适。

项目策划则是针对具体项目的销售方略，比如项目该怎么打、预期目标和资源配置等。

销售预测对于很多公司都是非常重要的，解决及时供货和库存之间的矛盾就要靠销售预测来完成，而且后端部门要根据销售预测准备物料，做供应链计划。

Product（产品）环包括三招：产品包装、产品营销、销售项目需求承诺管理。

产品包装包括一系列的宣传材料，其中最核心的材料是一套精心编制、不断完善的 PPT，在华为公司叫主打胶片。主打胶片的内容要围绕核心卖点、对用户的核心价值、与竞争性方案相比的优势等方面展开。产品行销部的人要人人能讲主打胶片，客户经理也熟悉其中的主要卖点，能跟客户进行基本的沟通。

产品营销是行销部产品拓展时的核心任务，尤其在新产品拓展初期，行销部是承担销售任务的责任部门，行销部通过代表处完成产品市场拓展的系列任务。

销售项目需求承诺管理就是对客户所提需求的管理，2B类项目中，客户经常会有特定的需求或者一定程度定制的需求，因此要进行主动管理，做好销售服务工作。华为在相当长的时期，销售项目需求承诺管理也是由产品行销部负责的。

Price（价格）环包括三招：价格管理、项目投标管理、创新商业模式。

第一，价格管理。2B 项目一般都是竞争性定价，每一单的价格都可能不一样，由产品行销部管理价格授权是华为的一个特色。价格管理的目标就是要谋求产品销售竞争性和利润之间的平衡。很多公司的价格管理都是由销售主体——各个区域管控的。由于项目竞争非常激烈，区域总是倾向于向客户报低价，向上级申请特价，再报请上面的管理层审批。由于上面并不一定了解实际情况，会被"骗"，而产品的价格控制不好，会影响公司获利。由产品行销部管理价格授权是华为的一个特色，让行销部管控，价格就更贴近一线，而且产品行销部人员要对利润负责，会和以完成销售额为重点的客户经理形成一定程度的博弈，这样价格管控就比较符合市场实际情况。

第二，项目投标管理。主要指产品行销部要负责组织编写招投标一系列材料。由于产品行销部对特定的产品负责，对产品比较熟悉，所以由他们来编写这部分内容，会比客户经理更专业，也能够更好地复用。

创新商业模式在 2B 销售中偶尔会出现，有的客户对某项新业务不清楚时，他们有时会采用让厂商承担风险、运营结果分成等方式达成交易。也有相反的情况，就是华为觉得卖产品不赚钱，希望通过分成和商业模式创新，消除销售障碍或者获取更多的利润。

Place（渠道）环包括三招：聚焦价值客户、线索和商机管理、市场份额管理。

第一招：聚焦价值客户。一种产品在全国（全球）销售不可能是均匀分布的，因为客户是不同的，要注意区分，比如，有激进的、想尝鲜的用户，也有保守的、不愿意尝试创新的客户；有简单交易性客户，也有重要的战略客户；有示范性客户，也有要打击竞争对手的客户。很显然，不同的客户要采取不同的策略，产品行销部了解各地的情况，更容易做出统筹安排。

第二招：线索和商机管理。销售线索对于很多公司来说是极为重要的，它是销售的起点。华为的销售流程LTC，就是线索到现金的意思。华为的五环十四招是卖电信设备时的套路，而卖电信设备基本不存在获客问题，因为目标顾客少而确定。同时，电信设备销售的订单通常比较大，华为采取团队营销模式，这样一来，销售线索问题并不突出。在电信设备领域，销售线索主要是防止对手暗箱操作、及时获取用户准备采购的信息等。销售线索也不完全是用户采购信息，还可以主动出击，根据用户情况，引导用户立项采购。

获取销售线索对多客户、小订单的行业获取销售线索更加重要，抓销售首先要抓住销售线索管理，销售是更容易落实、更容易出成效的。例如，阿里最早拓展B2B业务，也就是拉客户交会员费在阿里巴巴平台上建商家信息，这种业务的目标客户是小微企业，怎么获取尽量多的线索、增加线索转化率就是销售的核心问题。在获取线索数量上，阿里给地推人员规定了每天拜访用户的数量，并简单地记录客情，这样就获取了一个销售线索。如果这个销售线索过一段时间还不能转化成订单，就要把线索贡献出来，分配给其他人去引导，达成订单。这就是阿里早期中供铁军的主要打法。

第三招：市场份额管理，这也是华为产品行销部的一个主要任务。华为销售采取"石头汤要饭法"，第一步先进行市场突破，一旦有所突破，就要求不断提升自家位置和产品占比，攻打山头项目、决战制高点，增加市场份额。

Promotion（促销）环包括两招：区域品牌营销活动、五大关键营销活动。

第一招：区域品牌营销活动。运营商为了推广产品，有时会搭台做活动，商店为了推销产品也会做活动，许多行业都会举办各种各样的营销活动。面向特定用户的对公业务也会举办一些活动让客户知晓你的产品或者促进客户关系。这种促销推广是标准的促销活动。

第二招：五大关键营销活动，就是前面说过的"一五一工程"活动。

五环十四招的销售套路非常全面，运作也比较成熟，再配合华为销售模式，所以华为可以在难以攻克的电信设备销售行业攻城拔寨，所向披靡。

2002年，华为采纳了美世（Mercer）咨询的建议，成立了战略与Marketing（市场）部门。美世说，华为三四万人了，竟然没有市场部，也没有战略部，是不太合理的。华为觉得有道理，就采纳了这个建议。后来十几年，战略部与市场部都运作困难，尤其是市场部，换了好多很能打的人领导也无法开拓出大的工作面，其主要原因就是华为产品行销部门已经把市场部要做的工作都做了，而且运作成熟，只是它的名字中没有"市场"这两个字而已。

第六节　做计划与打项目

每个公司年初都会做出一个销售目标计划，华为是非常重视销售计划的，公司要依据销售计划配置资源，计划指标也是各个销售部门、销售人员年终考评、分发奖励的最主要依据。像华为这种不拿提成、用目标制管理销售的公司，做好计划特别重要。

项目则是华为销售电信设备的"细胞"，公司的销售额就是各个项目的销售总和。华为销售套路有很多都是在一个个具体的项目中使用的。

做计划

通常我们评估一个公司的销售能力时，其中有一条就是，该公司能不能做出比较准确的年度销售预测。这项工作并不简单，即使除去不可预测的"黑天鹅"因素，要做出准确的销售预测也不是那么容易的。很多经营多年、营业额达到数百亿的公司，也没有较为系统、准确预测销售额的方法，每年销售目标还用拍脑袋方式决策。

比较准确地制定销售任务体现了公司对市场情况的洞察和理解能力。准确制定销售任务对华为这种目标制考核方式也是非常重要的，因为到年底要根据目标完成情况排队、进行考评鉴定、发放奖金等，所以销售任务计划和销售系统人员利益挂钩也促进了华为在制订销售计划上不断完善和精进。准确制定销售任务也是公司配置资源的主要依据。

华为制定销售任务也经历了从拍脑袋到科学、细致决策的过程。

1999 年，华为销售额已经达到 121 亿元，每年的销售任务总目标都是老板拍脑袋确定的，然后再逐级压下去。由于老板制定的目标都比较激进、大胆，年初时大家都认为市场没有那么大，无法完成，但等到年底总能完成任务。几年下来，老板对市场的判断成了一个人人都相信的神话。

老板能够比较准确地制定目标主要是他对电信市场发展规律较为深刻的洞见，一个好老板都有对市场的敏感性。不可否认，制定较高的目标也有主观判断的成分。其实，制定跳起来能够达到的目标，其实就是积极的目标管理。

2003 年是电信泡沫破灭之后的恢复期，任正非在研发和市场干部大会上发表《发挥核心团队作用，不断提高人均效益》的长篇讲话。在讲话中，他引用克劳塞维茨的名言："要在茫茫的黑暗中，发出生命的微光，带领着队伍走向胜利。"战争打到一塌糊涂的时候，高级将领的作用是什么？就是要在看不清的茫茫黑暗中，用自己发出微光，带着你的队伍前进；就像希腊神话中的丹科一样把心拿出来燃烧，照亮后人前进的道路。

华为在拍脑袋定目标时期，对于怎么样夺取市场已经形成了完整的套路。在制定的目标中，不仅仅是一个销售额和销售利润指标，一些细化的指标体现了华为公司对电信设备市场规律的认知。**比如，重点工作、主攻方向、市场格局、山头项目、新产品突破等都在市场计划之中，这些词所代表的行动都是攻打市场的关键。**转换成其他行业通用术语就是，不仅仅注重销售数量，也要注重销售质量。比如今年的新产品完成了突破，来年就会产生具有规模的订货；如果今年不抓新产品突破，来年就很难上量。华为制定的主要市场目标都包含获得收入和积累势能的双重功效。

华为的销售体系是区域维度和产品维度组成的二维矩阵结构，每种大类产品在各个区域都派驻了销售人员，他们对本区域的市场情况比较清楚。于是，制订计划的部门也是二维的，广州办计划销售 A、B、C 产品各多少，由产品行销体系和广州办的客户体系分别完成，再通过沟通、讨论，每种产品在每个具体的客户群要销售多少，要有哪些关键的活动促成销售完成，在年初制订计划时就形成了方略。

2000 年之后，海外销售逐渐上量了，市场规模和范围已经超出任正非和高管能够深入了解的范围，制定销售计划的工作逐渐走向规范化和科学化。

从 1992 年到 2000 年，华为在国内拓展时期形成了完善、丰富的销售套路，也包括如何制订市场目标的套路。市场范围扩大之后，华为主要是将已经比较成熟的套路再进一步细化、规范化、专职化，逐渐调整到适应各国的具体情况。

做计划是认识市场的一个组成部分。公司进入一个新市场时，对市场的理解不会很深入，就算阅读再多的报告和资料，也是停留在纸面上，深入理解市场的方法就是实践。当刚进入一个市场时，只能拍脑袋制定一个销售目标，华为摸索市场的方法是先搞一个小部队，在个别区域试探性销售，销售一段时间了，对市场的真实情况理解就深入一步，半年之后制定的销售目标、主攻方向、重点工作就比一开始准确，一年之后就更准确，以此类推，几年之后就能够准确地做出市场计划，比较好地配置资源了。

学华为销售方法论的正是华为自己。华为的套路、方法、流程都是开拓电信设备市场时摸索、总结出来的，要做企业网市场、做手机市场、做云计算拓展，不能机械地照搬、照抄电信设备销售的办法，但原有的做法变一下形就适应新业务了。比如，饱和攻击这种营销思想和方法运用于华为所有产品销售之中，手机部门就要摸索销售手机如何发起饱和攻击打法，企业网部门也会琢磨在企业网市场如何进行饱和攻击。绝大多数产品在市场拓展中都有战略高地、重点工作等规划骨架，进入新业务领域时，华为会本能地探索战略高地、重点工作在哪里，要采取哪种具体的打法。举一个例子，手机是消费品，和电信设备差异很大。华为手机市场部大佬说，原来以为手机市场没有格局（华为产品在用户心中的地位）之说，搞了几年才明白，原来手机也有格局，电信设备市场有的东西，手机市场都有，只是表现形式不一样。

所以，我希望读者能够把本书的思想和方法移花接木，应用于你的行业、你自己的企业，我相信经过深入的思考、实践是可以做得到的。

打项目

华为电信设备销售是一单一单构成的，销售的套路要落实在项目中。在项目之上，是公司每年都制订总体计划，通过计划——激励体系牵引销售部门战胜困难，推动公司前进。

项目的计划就是策划，一个成熟公司，尤其是大公司，并不是每单都要奋力夺取的，有相当多的订单是例行签订的，如扩容合同项目、在战略框架下的落实性项目，等等。

对于必须奋力夺取的项目，华为有自己成熟的项目策划套路。策划主要包括三个部分：项目目标、组织保障、里程碑。

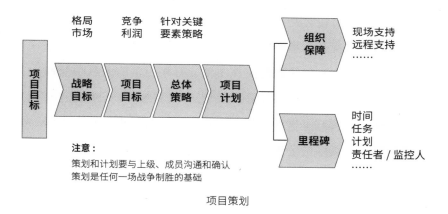

项目策划

目标可以细化，但也不需要太细致。比如中国移动公司招标 5G 设备集采，对于华为是重大项目，目标设定上就会提出市场份额目标，确保哪些区域要拿到，哪些区域是要尽力争取的，等等。

销售计划、项目策划涉及竞争，你有计划，竞争对手、客户也都有自己的计划。真实的项目情况是多方博弈的过程，不可能如你所愿。所谓计划赶不上变化，但这并不意味着计划、策划工作不重要。艾森豪威尔说一切计划均不重要，但做计划的过程很重要。陈赓说"枪声一响，作战计划废掉一半"就是这个意思。

当然，项目策划中也有很多完全可控的部分，如组织保障，因为不涉及外部竞争，就是完全可控的。项目组织中包括常规运作人员，比如项目负责人、项目协调人等，一般还会配置高层领导支援——在华为公司叫赞助人（Sponsor），临时性的项目支持人员等。在海外，许多小国家的市场空间不大，不可能所有资源都配置在本地，有相当多的人员是配置在地区部共用，这些人员要到各个国家打项目，必须通过项目策划任命和配置这些人员。对于中国区这种市场厚实、本地销售人员众多的情况，华为也会通过成立项目组的方式锁定外部支持，如高层领导拜访、研发经理直接支持、公司专家现场支持等。

前面介绍了华为市场、销售的套路，如"五环十四招""一五一工程"等，这些方法有时单独用，有时和项目结合在一起使用。

由于华为公司是打项目销售起家的，在销售中逐渐形成了市场和销售合一的结构。有人说市场是花钱的工作，销售是挣钱的活动，这个说法在华为不太适用。在华为，市场活动和销售活动区分并不明显。2002年，华为才成立了市场部，原本打算像其他公司一样，将市场活动和销售活动分开，后来发现华为市场和销售已经充分融合在一起，无法分离，但其实这样效果也不错。

比如高层拜访是华为的一个市场活动，在具体项目销售过程中也使用，于是又成了销售活动。所以华为的销售机构在日常的项目运作中，会布置高层拜访、技术交流这样的任务和流程，也会因为具体项目而安排这些活动。

这些为夺取项目而安排的一系列活动，画在甘特图上，就成为项目运作过程中的里程碑。

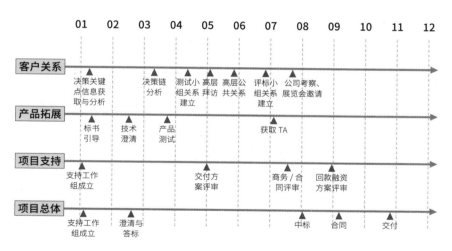

项目里程碑规划图

在项目里程碑的成本规划中，每个具体的活动已经落实到相应的小组、成员上，并和具体的工作对应起来，项目就具备了有序推进的基本条件。

但安排这些活动，有些是有困难的，比如你想安排高层拜访，但也许客户高层没时间，或不想见华为高层；你安排的技术交流会，客户出席人员的层次可能比较低；等等。

销售不易，但战胜具体困难好过无从下手。华为销售通过丰富的套路，通过策划，通过管理，找到了一个个有效而具体的里程碑，想办法完成这些具体的里程碑，就会推动项目迈向成功。

当然，一个项目光有前期策划是不够的，在项目进行过程中，会遇到很多具体情况，要克服一系列困难。销售管理就是以规则的确定性尽量对付结果的不确定性，通过执行行之有效的方法一步一步地将销售导向成功。

第七节　销售会议

销售很难，人都容易懈怠，开会则是一种督战方式。

没有阶段性进展的销售必然会失败，开会就是要盯紧项目。项目前期有策划会议，项目进行中要有跟踪会议。

销售也需要资源协调，销售团队需要沟通信息，开会就是要解决这个问题。

开会梳理许多项目，本身也是一个学习的过程。

华为的会多到令人发指的程度，无效会议很多，这是事实，公司也一直想办法减少会议，但是做不到，只能采取疲劳战术。但也有许多会是非常重要的，比如销售会议就是必不可少的。

开会是实施管理的一种主要方式，不同级别的销售会议内容不一样，要想公司管理得好，能把会开好是非常重要的。**好会议的基本特点是程序内容设置合理，领导水平体现在灵活发挥，根据情况做出决策。**倘若开会都是很随意的，在实际管理中，肯定会挂一漏万。开会也要精细化、规范化管理——开会关注哪些内容，暴露哪些问题，盯哪些点，经过实践优化的套路，肯定优于主管拍脑袋想出来的套路。

华为销售会议从上到下，分为很多层次，越高层的会议越关注宏观战略层面，最基层的会议讨论的往往都是具体的项目、事件。

每年春节过后，华为都会开三四天的市场部大会，虽说是市场部大会，实际上研发体系也会参加，直接在现场参会的大约 500 人——最近这几年除了现场参会人员，其他华为销售相关人员也可以通过电脑看会议直播。说来也奇怪，华为现在有近 20 万人，深圳总部加上附近的松山湖大概有六七万人，竟然没有一个能容纳 300 个人的会议室，参会的500 人分布在三个相邻的会议室，每个会议室不到 200 人。

市场部大会的主要议题是各产品线、各销售区域汇报产品基本销售情况、当年工作重点和主攻方向。华为产品在 170多个国家销售，市场部大会以地区为单位，汇报上一年取得的结果和本年度的计划，最后有老板讲话、公司最高层宣誓等环节。这种会的目的就是要把最主要的战略问题沟通清楚。很多公司的销售问题其实是战略部署问题。很多公司的销售其实只是跟单，用户有了项目，销售人员跟踪，把它拿下来，主动出击的销售模式显然需要更好的战略部署，如哪些产品要突破，哪些要上量，区域、产品、客户等方面的主要竞争对手是谁、竞争策略是什么，等等。

各地区每个月、每个季度都有例会，会议议题为各主要部门汇报工作进展情况、面临的主要问题，以及需要决策的问题。所有的重要汇报都有比较精炼的模板，这样就可以覆盖各个方向，不会遗漏。

国内的省代表处基本上是最前线的销售机构，每个星期都会开销售例会，各个客户群和各地的主要客户经理要汇报项目进展、问题、需求等。所有的订单都是最基层的各个销售单元完成的，管理必须盯得细，而细就需要有套路，小主管一级的都清楚有什么销售套路，可以根据用户和项目情况，带着几个兵去执行，那么这样销售就会变得很有秩序。

管理并不是广告创意工作，需要每天都想新点子。管理和销售方式是比较稳定的，变化不是那么大，被证明有效的、有限的招法基本上可以消灭大多数问题。

第八节　销售的激励

　　管理最有效的手段就是考核、奖惩。考核就是一个指挥棒，想干啥就考啥。销售结果都会以客观的数据体现，销售工作显示出效果的时间也比较短，这样一来，销售在每个公司都是最容易客观考核的。

　　考核的一个重要原则就是——**不容易考核的工作要依附于容易考核的工作来做，这是华为一个比较具体有用的经验。**比如研发是不容易考核的，这个工具见效慢，不太容易评价工作成果，有效的考核办法就是研发产品要根据市场销售情况作为主考核指标，其次是进度、质量情况，考虑到研发产品见效延时比较长，也可以日后追溯，给予特别的奖励。

　　激励是非常重要的，不过在销售中，比激励更重要的首先是可行性。重赏之下必有勇夫，前提是销售具有可行性——"徙木立信"的前提是这块木头要能搬得动。很多公司开拓新业务，都想通过重赏之下必有勇夫的方式打开局面，但大多数情况下这是不可能如愿的。用重赏的方式，发挥群众的力量去开拓市场，这种做法可以试试，却不能指望这种策略会有效，因为这其实就是有枣一竿子、没枣一棍子的碰运气行为而已。当然，即使像华为这么大的、这么成熟的公司，有时也用重赏的方式去碰碰运气，只是通常是打不开市场的，没有用。只有当方法被证明是可行的，重赏的作用才会很大。

华为早期开拓海外市场非常困难，好几年都拿不到订单，华为还是坚定不移地给去海外的员工优厚的待遇、升官发财和升迁的机会，前赴后继的人不断地攻打市场，终有所成，是因为华为销售方法在国内被证明是有效的，而电信运营商的需求和采购模式是大同小异的，在国外也会有效。华为在总结自己的商业实践时说华为洞察到："产品相对标准化、代际变化相对缓慢；客户群体相对集中、具有相似性；商业模式比较稳定。"（这些是华为全球化的重要条件。）

在落实了商品可以销售，就是价值（V）被市场确认，且销售方法可行的情况下，应该先研究出最佳的销售方法，然后再考虑激励制度的设计。

衡量激励方式是不是好，主要看激励方式是否能最大限度地解放生产力。解放生产力的关键要素则是制定匹配行业特点的销售模式、组织结构。

电信设备是一种典型的需要人员深度推销的产品，中国最早的电信设备都是采购国外设备厂商的，他们普遍采用的销售激励策略就是底薪加提成的方式，由于薪酬高、激励猛，外企销售人员能力强、关系硬，所以都通过搞定关键客户的方式获取订单，效率非常高。华为根据自己的特点，采取了一种人民战争的方式去销售，即销售员不拿提成，最早期的激励方式由老板确定，设备销售能赚到钱了，老板也不自私，会拿出利润来进行激励，所以大家都分得很多，干劲十足。

　　华为最早期的分配其实就是老板说了算，当时大家的工资、奖金并不透明——华为公司有一个规定就是不许透漏自己的收入，也不能打听别人的收入。因为人容易产生比较心，而且绝大多数情况都会认为自己得的少，其他人分得多，因此透明与否，各有各的好处和缺点。激励的设计总体上一定要坚持客观公平性，就是做贡献和收入相关性要适当。

　　电信设备销售周期非常长，有时要好多年才能攻入一个市场。这样的行业里，单纯地考核激励销售额、销售利润是不合适的。很多订单都是好多代人努力的结果，考核只导向摘桃子的，就没有人种树，没有人施肥，会影响将来的产量。华为的考核、激励就兼顾了这些特点，考核通常由三个大项构成：

　　财务指标：销售额、利润、回款；
　　市场目标：新产品突破、战略高地、格局、客户满意度；
　　内部管理：故障率，关键员工离职率。

　　有一家和华为类似的企业，也做电信设备，他们就是采取简单的奖金提成制。由于订单特别大，有时一个销售员运气好，直接提成几百万元。但这样的订单并非销售员做出了多么大的贡献，而是很多因素促成的。比如中国电信采购设备项目，经过各种权衡，把广东项目给了 A 公司，把广西项目给了 B 公司，A 公司广东的销售人员就可能获得有数百万元的提成。大多数情况，这么大的订单项目都是团队作战、老板关系等各种因素促成的，按照提成制的约定，给个别人特别高的奖金，其他人只能喝点汤，容易造成分配失衡，一定会使团队作战能力下降。

销售激励不当多数情况是由于管理者懒惰、考核机制粗枝大叶导致的。分配模式是否与真实贡献匹配是能看出来的，看出来就要去改正，短期内激励方式的差别对销售业绩影响不是很大，但长期来看，激励是最关键的管理方法。任正非自问华为的分配模式合不合理？其实华为分配模式追求合理，要比绝大多数公司做的好得多，但也无法做到细枝末节绝对合理。

很多公司因为分配过于不合理，影响了公司的战斗力。不合理主要有两个方面：第一，不同体系的失衡，如有部分销售人员拿得太多，研发部门太苦，时间长了，产品后劲就会不足。第二，在团队中分配失衡，有人拿得太多，有人拿得太少，队伍就会涣散。

并不是所有行业都适合团队作战，有些行业个人推销即可，比如地推销售方式。阿里最早想的业务模式并不靠谱，为了活命，发明了面对小微企业的地推模式，阿里就采取了提成制，但领导者要根据团队业绩的完成情况提成，给每个人每个月制定销售目标，每天都总结经验、分享，先进带后进，很快大家都掌握了从陌拜到促成成交的方法。

　　华为和阿里是两家非常成功的企业，销售能力都非常强悍。他们又有不同的特点，华为早期进入了一个订单量巨大、利润丰厚的行业；阿里早期的业务根本没有需求，形同讨饭，每个销售员每月只能销售几万元钱。华为的行业适合团队作战，阿里面向众多的小微企业，适合个人地推。迄今两个公司仍然保留着初期的特点，现在两个公司在云计算、大数据、办公软件等领域有了交集与竞争，但各自还是在自己擅长的销售方式上表现突出，华为擅长抢大项目，阿里擅长小微企业的渗透，华为陆军能力强悍，阿里空军凶猛。

　　销售的激励方式具有随行就市的特点，这就意味着不同公司的销售方式、激励方式不需要完全创新，因为完全创新往往漏洞很多，考虑不周全，而行业形成的方法则是经过自然选择的，比较具有可行性。但要想做得好，仅仅随行就市不行，还需要更精细化，进行一些调整和创新，并且是在主干稳定的情况下，细枝末节要经常调整，以符合实际情况。例如，销售电信设备在空白市场和优势市场上难度完全不同，考核方式必须要考虑到市场的难易程度，每年做出合适的调整，才切合实际。

第五章

到处都是饱和攻击营销法

市场上到处都是饱和攻击营销法，最终胜出的多半是营销投资最凶横的选手。

在用电视广告打天下的时代，勇敢投入、饱和攻击营销成就了许多保健品企业，比如创造了"鲁酒神话"——1995年，孔府宴酒夺得央视广告标王，此后的几年，孔府宴、孔府家、秦池都在央视新闻联播到天气预报的黄金时间砸重金播放广告，这几个品牌的酒好几年销售业绩增长惊人。也开启了 VCD、DVD 等产业激情（广告费）燃烧的营销模式。

不要把饱和攻击简单地理解成在营销上投入更多的人力物力，只要你的营销方法能极大地引起市场关注，而这种关注又能转化成实际销售，就是饱和攻击营销法。

2011 年 8 月 16 日，小米公司发布了第一款手机，雷军模仿乔布斯开了一个手机发布会。在此之前，小米先开发了手机的 UI（用户界面），有 50 万用户装机量，有了一定的市场基础。

小米手机这次发布会最大的特点是雷军第一次将手机按计算机的规格来定义，将手机性能拆解为配置、跑分等可量化的指标。小米的第一款手机采用了当时高通的最新款芯片，从硬件配置来说是顶级的。在发布会的最后，雷军宣布手机的售价为 1999 元，这比当时同等配置的较为便宜的手机还便宜了至少 30%。

小米是一个新品牌，缺少渠道资源，就在自己的网络商店里销售。有限的备货加上猛烈的网络宣传，小米的"饥饿营销"十分奏效，手机一经上市就供不应求，每次网络销售都是秒空。用户越买不到越想买，小米品牌的传播效应在短时间内达到顶峰，这也是一种饱和攻击营销。2014 年，小米手机售出 6112 万台，超过三星成为国内手机销量第一名。

在竞争极为激烈的手机市场，从发布第一款手机到登顶销量冠军，小米仅仅用了 3 年时间。作为对比，苹果 2007 年发布了首款智能手机，3 年后苹果手机的销量才达到 4660 万台。

小米到 2014 年尚未投入广告，但找到了网络销售手机的空白点，降低销售成本，形成了极大的势能。小米虽然没有花广告费，但它成了一个耀眼的榜样，从 2011 年到 2014 年，所有人都把小米奇迹当作商业案例分析、传播，各种文章充斥于互联网每个角落，其效果比广告更管用。

2003 年 5 月 10 日，淘宝上线，正面挑战 eBay（易趣），三年后，eBay 退出中国市场。至于为什么初生的淘宝能够打败当时极其强大的 eBay ？有一点很重要，那就是 eBay 要向入驻商家收取入场费和交易费，而马云宣布了淘宝网的 3 年免费战略。免费战略是淘宝同 eBay 竞争中的杀伤性武器。2005 年 10 月，马云宣布再次追加投资淘宝网 10 亿元，并承诺免费 3 年。

　　淘宝诞生的年代，购买者和销售者都不怎么明白线上购物是怎么回事，配套设施也非常差。当时 eBay 登陆中国后洗了几年盐碱地，建立了最早的线上购物概念，经过了一轮混战之后垄断了市场。但马云瞄准的是绝大多数尚未形成网购习惯的客户，以及潜在的千行万业的商家。阿里一方面竭力解决线上销售的障碍，发展更多的商家，另外，又尽最大努力投放计算机广告教育客户。

　　中国是全球唯一没有被美国互联网公司垄断的市场，主要原因有三个。第一，市场潜在规模巨大，单一市场也可以让本土互联网企业有规模效应。第二，中国互联网公司创业不久，普遍采取了饱和攻击的打法，始于游戏、很快蔓延到许多行业的地推模式虽然拙笨，但弹药量充足，是一种有效的教育市场的方式。第三，饱和攻击之后，市场迅速扩大，商业势能发挥了作用，很快就具备了互联网行业最需要的规模优势。

第一节　争夺红利

更激进、更大投入的营销取得成功之后，会促使后面的营销投入更猛烈、更激进，直至投入产出比入不敷出，就像秦池花巨资竞争央视标王后，会酝酿新营销动作，进行更大的饱和攻击。

在中国，饱和攻击营销法屡屡成功，主要是中国存在一波接一波的红利。这里所说的红利并不是股票分红的意思，而是指一种迅速增长的事物带来了超过当初预期的收益。比如人口红利就是人口增长带来的劳动力的增加，进而推动经济增长；互联网红利指互联网爆发性增长带来远超预期的影响。过去几十年，各种各样的红利非常多，最后的赢家总是当初投入最凶狠的公司。

对于营销而言，红利主要有营销工具性的红利和产品创新性红利。早期市场尚未充分认识到投放电视广告的巨大威力，电视市场虽然不断扩大，其价值却一直被低估多年，所以在当时抢到电视广告的机会即是赚到，这就是营销工具性红利。十年前功能手机切换到智能手机，业界冲洗洗牌给厂商带来了机会，谁抢到智能手机的这个机会，日后就会黄金万两，这就是产品创新性红利。

营销工具性红利

广告投入是面向大众销售的产品的主要营销方式，而电视广告是最简单粗暴向大众推销产品的工具。电视广告的价值、电视广告播放什么样的产品收益最大？一直都在变化和探索中，市场一旦发现一个品类投放电视广告有效，同品类的产品就会一拥而上地展开饱和攻击式的营销。

1994年11月8日，央视经过前期周密策划，在北京梅地亚中心开始对新闻联播和天气预报之间的时间进行招标，最贵的广告就是标王。标王除了能占据最佳时间段，还有额外的关注度效应，所以在相当长的时间里，许多厂商出重金竞争标王。而且还有一个现象是，当某个产品竞得标王被证实取得了显著的营销效果之后，同类产品会扎堆在同样的时间段做广告。

下面是前十五届标王的情况：

第一届　1995年　孔府宴酒 3079 万元

第二届　1996年　秦池 6666 万元

第三届　1997年　秦池 3.212118 亿元

第四届　1998年　爱多 VCD 2.1 亿元

第五届　1999年　步步高 VCD1.59 亿元

第六届　2000年　步步高 VCD1.26 亿元

第七届　2001 年　娃哈哈 2211 万元

第八届　2002 年　娃哈哈 2015 万元

第九届　2003 年　熊猫手机 1.0889 亿元

第十届　2004 年　蒙牛 3.1 亿元

第十一届　2005 年　宝洁 3.85 亿元

第十二届　2006 年　宝洁 3.94 亿元

第十三届　2007 年　宝洁 4.2 亿元

第十四届　2008 年　红牛 3.1 亿元

第十五届　2009 年　纳爱斯 3.05 亿元

　　利用央视广告销售白酒、销售 VCD、销售饮品，为许多企业创造了业绩。孔府宴酒 1995 年竞得标王，在央视做广告，当年销售额就超过了五粮液，年销售额从 1994 年的 3.5 亿升到了 10 亿，坐上了中国白酒行业的老大的位置。1996 年，孔府宴酒继续争夺央视广告标王，出资 6398 万元，最后败给了秦池酒业的 6666 万元。秦池夺得广告标王后，当年销售额和利润翻了五六倍。1996 年年底，众多企业竞标 1997 年广告标王，广东爱多 VCD 报出了 8200 万元，江苏春兰报出 1.6888 亿元，广东乐百氏喊价 1.9978 亿元，山东白酒金贵酒厂则喊出 2.0099 亿元——这也是中国广告报价首度突破 2 亿元。不过，还没到结束，山东齐民思酒厂开出 2.1999999999 亿元。

　　"不过，最后还是秦池酒业，开出的投标金额为 3.212118

亿元！"又一次夺得了标王。

当时有记者问：秦池这个数字是怎么算出来的？秦池酒业的负责人姬长孔的回答帅到了永久载入史册，至今让人觉得很酷：这是他自己的电话号码。

后来，秦池因为被媒体曝出从四川买酒贴牌事件，导致销售额一落千丈，1997 年原定的 15 亿元的销售目标，只完成了 6.8 亿元，在投标时喊出的 3.2 亿标王广告费，最终也仅支付了 4000 万元。

1998 年，市场进入了 VCD 爆发时代，在当时需求和供给都迅速爆炸的市场上，厂商要想胜出，就必须在关键时刻敢下注——关键时刻就是市场开始暴增阶段，一定要敢下注、下狠手，这是屡次商战证明了的规律。VCD 来得快去得也快，短短几年的时间，市场迅速饱和，此时厂商再大力投入营销广告已经无效。2001 年、2002 年，娃哈哈以极低的价格捡漏成为央视广告标王，这极大地成就了娃哈哈的品牌。之后央视广告标王又进入了牛奶时代，在成就了蒙牛和伊利之后，互联网时代来临了，电视广告再也没有了像过去一样的号召力，两位数的收视率一去不复返。不过我国经济总量的飙升还让电视广告总量继续增长到 2017 年。

2000 年，中国改革开放已经 20 年，GDP 达到了 10 万亿人民币，已经非常了不起。此后，经济总量更加凶猛地增长是任何人都没有想到的。大量的货物需要大量的销售，互联网和伴随着快速城市化增加的巨量店铺成为销售的主战场。

电视广告的特点是容量有限，只适合于少数品类产品的大规模投入。互联网无限的货架空间和遍布城市各处的店铺天然不具备垄断性，适合所有销售品零售。敢于尝鲜的众多小微企业因此获益。

中国经济发展的红利反复教育了大众，让他们明白了一个道理，任何事情都要抢头啖汤。比如前几年，有一次我乘坐一辆网约车，司机说任何事都必须最早冲进去才赚钱，他本人就是最早进入网约车行业的。事实上，早期网约车公司补贴巨大，补贴方案也有一些漏洞，很多司机都赚了不少钱，但现在，司机却被网约车公司盘剥得厉害，很多司机已经准备放弃开网约车。

现在，越来越多的商家意识到尽早抢到使用新型营销工具，更有可能以较低的成本获取巨大的收益。于是，新型销售工具、销售平台就更容易被接受。这样一来，形成了销售工具创新和勇猛投入营销的快速循环，火趁风威，风助火势，越烧越猛。

产品创新性红利

任何种类的产品，已经销售出去的产品对后续新产品的再销售都有促进作用，也就是说商业产品销售在获取收益的同时还会积累势能。在机场，我总是找麦当劳、肯德基等熟悉的餐馆吃饭，因为吃新饭馆经常有上当受骗的经历和感受。如果现在还是功能机的天下，诺基亚就不会没落。

有些种类的商品已经销售出去的产品对后续产品的销售有很大的作用，有些商品却没有什么作用。各种互联网服务都偏向前一种情况，线下小卖店则属于后一种情况。存量对增量影响巨大的行业叫马太效应很强的行业，最后容易形成垄断，一旦垄断，挣钱就很容易；存量对增量影响不大，行业就会呈现分散状态，经营模式要量入为出。

互联网行业的巨大成功证明了投资于创新的收益十分可观。所以，任何有点模样的创新产品和服务一出现，出来都会有一堆同行出来抢滩，最终的成功者往往是有办法并勇猛营销的公司。

近年较为有名的创新产品和服务，无一不是通过巨额营销烧钱培育市场，进而消灭竞争对手的。

美团从团购切入，后来找到送餐服务为主的本地服务项目，在上市之前，总共亏损353亿。美团是千团大战的胜利者，但却不是千团大战中烧钱投广告最多的公司，而通过激烈营销最终死亡的公司不计其数。饱和攻击营销法不是简单的比砸钱多少，聪明地砸钱也很重要，所谓聪明就是对市场时机和烧钱方法的把握。"机会窗"是华为最常用的术语，销售者要盯住机会，恰到好处地出击。

再如共享单车，只是红火一时，投资者也按照互联网的商业模式，企图通过烧死对手的营销方式最后形成垄断，只是事与愿违，以前堆满大街小巷的各种单车现在几乎已经不见踪影，时间证明了共享单车只是一个像呼啦圈一样满足临时性需求的服务，一旦不再流行，就会迅速冷却。事后统计，各种投资机构为了共享单车投入 500 亿元左右。

华为当年的强力营销模式与现在的营销攻击强度不可同日而语，华为只是比竞争对手更激进，在巨大需求的拉动下，华为还是挣钱的，且挣了很多钱。正是由于当年社会上还没有这么多钱，另外，社会尚未认识到创新的巨大价值，所以华为只能选择一个利滚利、全员持股的滚动发展的模式。

未来全社会的金融资产只会越来越多（社会总体财富越来越多），在人们没有对创新红利死心塌地之前，在一个新行业、新赛道或新商业模式被挖掘出来、还处在创新期的时候，饱和攻击营销的强度就不会降低。尽管共享单车整个商业创新模式被证明是失败的商业设想，网约车业务也不值得烧那么多钱，网约车也没有能够证明相对于传统出租车模式的优势，但这些小插曲不足以打消人们为追求创新红利而进行饱和攻击营销的想法。就像在电视广告时代，很多在央视投放广告的厂商都赔钱；电商时代，很多厂商在电商平台上做广告做引流活动也经常入不敷出一样，最多造成一个行业的低迷，不会影响大部分公司前赴后继地继续冲锋陷阵、发动饱和攻击营销。

　　当下，其实还有一个领域的商业创新机会尚未找到有效的开拓方法，那就是 2B 型企业的创新，没有引起资本的足够关注，也缺乏有影响力的开拓成功案例。互联网服务领域的创新以及目前各种已经吸引巨资的创新基本都是面向消费者的行业。

　　其实，2B 的市场空间大于 2C 的空间，但为什么会出现这种现象呢？王兴在一篇流传甚广的讲话中说，他认为主要是中国企业效率不够高，还没有到被逼着一定要用工具提高效率的地步，所以 2B 行业里的投资不红火，明星公司少。

　　我认为这个原因太绕，不直接，不明确。2B 行业缺乏足够关注和明星公司的主要原因是缺乏有效的饱和攻击模式，因此成长缓慢。华为手机采用空军轰炸式的饱和营销模式远比电信设备、企业网设备地毯式陆军进攻模式更有效。2B 行业未来也有可能找到渗透更快、进攻更犀利的营销打法，谁找到这种饱和攻击法，谁就成为 2B 行业的明星。

第二节　从诱饵到成交

　　销售应该有简单的一面，就是人们拿钱购买产品来满足需求而已。但由于人自私的本性，以及过度的市场竞争，因此买卖双方要经过较为复杂的程序，比如有合作、讨价还价等，才能成交。

过度供应的情况下，每个厂商、每个销售员都要尽可能地去推销，而消费者则会天然怀疑卖方的产品，怕受骗上当，付出代价。销售者过分积极争取，目标客户备受骚扰，也产生了抗拒心理。

如何解除抗拒点，是销售中非常重要的环节。

许多行业发明了一些方法，来排除购买者的怀疑，促进成交，例如：

- 卖西瓜的人一般会切开一个西瓜让顾客尝尝。
- 卖保健品的人第一环节是收单，也就是找到目标客户，进入营销漏斗。怎么找呢？就是给路上的老人家送点东西，然后，索取联系方式，再进行客户拜访……
- 新开的饭馆一般会在门口摆上一些花篮，言外之意就是告诉客人，"我们是家新店，近期会有折扣"。
- 新开的理发店会兜售便宜的卡，收获第一批客户。
- K12在线课程通过极低价格吸引顾客，并通过精心设计的课程完成客户向高价课程转换。
- 对公业务，比如华为卖的大型设备，开始主要是说服顾客试用，开一个不收钱的"实验局"。
- 游戏公司开创了免费使用、容易上手、容易上瘾的模式，从此走上康庄大道。

这些销售方法都是遵从人之常情、人的本能，以及有样学样等综合因素形成的。那么，上述案例的共同特点是什么？

如果拿钓鱼做比方，它们的共同特点就是**钓鱼要用鱼饵**。

然而，就这么一个小小的抛鱼饵环节，却成了很多公司销售的拦路虎。钓鱼要用鱼饵，这事大家都知道，然而用的鱼饵对与不对这件事，绝大多数人都没有琢磨过。最差的就是一条道走到黑，直到进行不下去为止；稍微好一点的，会多试几种方法，但试错速度太慢，不能短期、高效找到正确方法；最好的，就是迅速发现销售方法的优缺点，试错速度快；最最好的，就是运气好，一上手就投放了正确的鱼饵。

我再举两个例子。罗永浩自认为营销能力很强，事实也是如此，他能把名气做这么大，营销能力不好是做不到的。罗永浩开个手机发布会，还可以卖门票赚钱，而且买门票的人还挺多的，甚至有些粉丝，专程从外地坐飞机、乘高铁去参加发布会。但是，他做出的的手机就是卖不好，甚至很多粉丝可以花好几千元去看发布会，就不肯掏钱买一部锤子手机支持一下罗永浩。

这是什么原因呢？我想罗永浩自己也想不明白。

说锤子手机品质非常差，这个是不对的。手机制造都是外包代工厂代工制造的，质量上是有保证的，零部件也都是上游可靠厂商提供的，以现在的研发经验、手机行业的研发成熟度，行业完全可以支撑锤子做一部合格的手机。

说发布会没用，这也不对。苹果的产品发布会为什么那么有用？华为的手机发布会也挺有用。

说锤子是小公司，没有那么大的力量撬动这个市场，可是为什么一加手机过得也还可以呢？又有几个消费者知道一加手机的老板是谁呢？

橘生淮南则为橘，生于淮北则为枳，别人用的好用的方法，到你这里却不好使。气人！

搞明白了锤子手机销售的问题，对产品销售问题的理解就非常深刻了。

我认为一个重要原因，在于锤子手机始终没有找到展开营销饱和攻击的套路，他们的营销活动只能让用户知晓有这个产品，却没有后续的手段去推动导致成交。水只烧到99℃是不会沸腾的，何况锤子手机的营销手法，只做到了六七成。

能找到、投放正确的鱼饵是销售的一个部分，连环套的设计才能最大限度地实现商业价值。

一个走得通、成功的销售模式，必须具备如下主要要素：

- 深刻地理解行业性质和基本的销售方法。例如，现在网络营销成本这么低，保险行业为什么还是主要靠人来推销，网络成本低，为啥很难解决这个问题？因为行业的内在性质决定了基本的销售方案，公司主流的销售方法必须清晰、高效，在此基础上不断根据环境的变化修正创新。

· 确认顾客是怎么样认识商品和服务价值的。要卖东西，就必须知道顾客是怎么看待自家商品和服务的，不要吹嘘把梳子卖给和尚的故事。价值一定要从顾客角度思考，而不是你想当然地认为商品有价值就真有价值。

· 洞察、设计、营造产品与用户的接触点，传播你的产品价值。

· 要提供正确的鱼饵，能黏住用户，以便传播、开发后续的商业价值。

现在商品种类非常多，销售方法也多种多样，不同的产品类别、不同行业，也会有不同的营销方法。所有的营销实践，都不是先想好道理，把逻辑走通了，然后再去销售的。销售具有丰富的多样性和很强的实践性，试通了一条路，就优化细节。试不通，就要赶紧改，把鱼饵撒下去对鱼没有吸引力，就想办法换一种鱼饵。

销售从 1 到 N 就是扩大战果的过程，做大生意的人都是会积累的人，能够及时抓住那些促成成交的因素并且扩大它，就是销售高手。做很多事情需要一种机缘，这个机缘有时是策划而来，有时是碰巧赶上。任正非是从战友那儿听说倒卖小型电话交换机赚钱进入这个行业的，这就是机缘。有这种机缘的人很多，华为最终从众多小公司脱颖而出，长成参天大树，主要是公司不断地向各个方向尝试、成长，探索任何一种成功的可行性。

有人问我，华为销售到底有什么核心特点？我说，华为销售最主要的特点是"既要多产粮食，又要增加土地肥力"。庄稼人知道第一年种不同种类的作物，对第二年土地肥力影响是很大的。比如豆子的根瘤菌有固氮作用，所以种完豆子后第二年再种其他作物会长得很好；种高粱则相反，高粱太能吃肥，种过高粱后的土地是不利于第二年作物生长的。所谓增加土地肥力是指销售要像种豆子一样，而不是种高粱。

"增加土地肥力"是华为销售体系的关键特点。客户和华为销售员都体会到一点，只要华为能进入一点点，扩大战果是必然事件。在华为体系久了，就养成了一种有办法突破、突破之后要扩大战果的习惯。

华为在电信设备行业完成了从 0 到 1 的销售后，已经形成了一套比较固定的销售流程。比如厂商研制出一种新产品后，要测试，拿到入网证，就像很多商品拿到合格证一样，这是最基本的。华为的销售体系要在一定的范围内寻找突破口，第一步往往不是直接向客户推销，而是开一个实验局。因为电信设备对客户来说是极其重要的运营型设备，用户采购设备是非常谨慎的，所以通过实验局，可以向客户证明设备是可用的，这时，华为先谋求把设备销售到城市边缘、郊区等不是特别重要的地方，进一步证明设备的可用性，再逐渐扩大战果。

在营销的每个步骤中，华为做得都相当精细，这样积累下来就形成一定的竞争优势。步骤做得细主要靠公司有详细的指导，很多环节派专门的人去盯着做，这样一来，通过精细的销售管理流程，确保了销售的进展。

分类	牵引点	序号	2015 年 KPI 指标	权重
财务方面	规模	1	订货（整体）	5%~25%
		2	销售收入（整体）	5%~20%
	利润	3	销售毛利（整体）	5%~20%
	现金流与运营资产效率	4	回款额（整体）	5%~25%
客户方面	市场目标	5	市场目标完成率	5%~20%
	客户关系管理	6	客户关系提升目标完成率	5%~20%
	客户满意度	7	客户满意度	5%~15%
组织运营	运营效率	8	收入 DSO+ITO	0%~10%
	运营质量	9	交易质量山头问题改进	5%~10%
	学习与成长	10	铁三角能力提升	0%~10%

华为销售 KPI

在扩大战果上，华为手段更丰富，在给销售部门制定的 KPI 中，有销售额、销售利润、回款等财务指标，也有新产品进入的突破指标，还有"增加土地肥力"、占领战略制高点、扩展网络格局等指标。

在 2B 销售中，很多都是大订单，客户经常会提出一些个性化要求，厂商为了签订合同，满足客户需求，通常都答应这些要求，在实际执行时往往不能兑现。华为早期也是如此，因为这是很自然的销售本能。但公司大了之后，这就是一个严重的问题，后来公司用了几年的时间整治乱承诺的问题，重信誉的口碑就逐渐树立起来。华为的很多竞争对手还长期处于乱承诺阶段，时间长了，名声不好，他们的承诺用户也不相信。同样的销售，华为增加了土地肥力，竞争对手则竭泽而渔，自然是不利于扩大战果、占领市场的。

下　篇

OVIT 万物营销法

第六章

万物营销的方法论

与企业的其他环节相比，营销有更强的实践性和技能性。一个成功的、营销强悍的公司就是找到了适合其产品的销售方式，销售成员成功掌握了该产品的销售技能，一招鲜，吃遍天。稍微换一种产品，就需要摸索新的方法，如华为熟悉了向企业销售网络设备的方法，如果销售云计算，就需要摸索出更适合云计算的方法。

华为体量巨大，有最宽广的产品线，销售的多样化也是最丰富的，将成功的销售实践总结成方法便于员工掌握、操作，总结成方法论才能穿透到其他行业、其他公司。

第一节　万物营销

所有商业都需要营销，每个行业的营销方式都不一样。

我们先看看千行万业都是怎么销售的，先理解销售最基本的规律。

通常销售划分为 2B 和 2C 两大块，我想划分得更细一点，如下图所示：

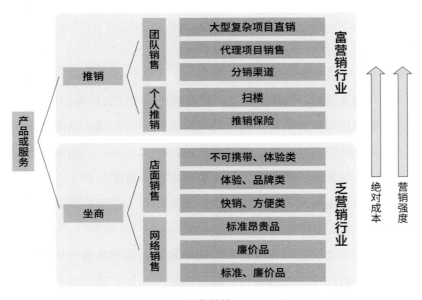

万物营销

在第一级，我把营销划分为坐商和推销两种类型。坐商就是开店，是一种坐等顾客上门的被动销售模式，坐商又分成网络销售和店面销售。推销则分成个人推销和团队销售。网络时代发明的"地推"这个词就是指个人推销，个人推销通常适合金额不大、销售产品比较简单的情况；团队销售主要针对大型复杂项目，采购方决策复杂，卷入人员较多。每种销售方式我都罗列了一些典型商品，这样就容易理解商品和销售方式之间的关系。坐商是把商品摆在那里等着顾客来采购，缺乏营销手段，所以我把采用这种销售方式的行业叫做乏营销行业。而推销是主动出击型销售模式，销售方有许多办法促成销售，有丰富的销售手段，采用这种销售方式的行业，叫富营销行业。

通常来说，网络销售、店面销售、个人推销、团队销售的销售强度是依次提高的，销售成本也会上升。增加销售强度可以提高成交率，华为早年产品不及国外竞争对手，采取人海战术推销，比竞争者投入更多的人力，成效还是比较显著的。

提高销售成功率还有另外一条途径，就是降低成本，把利益出让给顾客。这与提高营销强度是截然相反的途径。提高营销强度和降低成本的斗争一直在持续，并相辅相成演化出各种各样的销售方法。

能使营销强度达到最大的弹药就是饱和攻击，代表公司就是华为。而降低销售成本的代表则是淘宝。

每种商品都有适合它的销售方式，通过自然选择，被保留的销售方式具有一定的稳定性。同时，市场也不断地发明新的销售方式，淘汰一些古老的销售方法。成熟厂商总是能够处理好随行就市与创新之间的关系。

互联网极大地丰富了人与人之间的沟通方式，也提供了许多方式让顾客了解商品。近二十年，营销的变化比过去所有时代加起来都多得多，主要是互联网销售渗透到了绝大多数行业，人们发明了丰富的销售手段。2019 年，中国网购额突破 10 万亿元，比上年增长了 16.5%，这说明线上销售仍然具有较大的增长潜力。

销售方式的变化给许多公司、许多人提供了机会，也让另外一些人丢了工作。例如，餐饮外卖的规模已经影响到了菜市场，人们买成品饭菜多了，去菜市场就少了。

各种销售方式的变化主要就是在销售强度和营销成本上寻求平衡，是饱和攻击与降低售价两种不同方式之间的斗争。

这种斗争每个行业都很常见：

· 多打广告、推高卖贵，还是薄利多销？
· 定高价更多地激励经销商还是以物美价廉吸引顾客？
· 是团队多人作战，还是少而精的销售高手搞定？

每种商品都有几种销售方式，市场不停地探索新的销售方法，一旦某种方法被证明是可行的，同行之间就开始相互模仿、相互借鉴，在这个过程中，会有变形、优化、调整，有的人、有的公司比同行做得更出色、更到位，就会获得更多的订单。

相比人力资源和财务管理，营销缺乏普适性的规律，千行万业、每个公司、每个阶段的营销方法都差别比较大。

商品的两个销售属性

销售可以划分为两个步骤：第一，找到目标客户，就是获客；第二，说服用户购买你的产品。第一条与顾客的分布有关，第二条与顾客思考产品的模式有关。

销售方式是否可行取决于这种销售方式能否匹配消费者的思考模式。用户购买有些商品很随意，有些商品则很在意。我们到超市购买日用品，一般都会提前计划一下，但通常是本来想买几样东西，结果可能买回来一堆东西，在购买的过程中，往往不太在意品牌，随意从货架上取下物品装到购物车里。如果买一套住房或者买一辆汽车，消费者会反复比较、琢磨。企业采购大型的工业品很难个别人说了算，所以会有复杂的招标流程。

营销上用介入度（involvement）这个词描述购物者在购物时投入的精力和在意程度，是衡量产品销售属性很重要的词。营销学把购物者不是很在意的产品叫作低介入度产品，把购物者很在意的产品叫作高介入度产品。

还有一个衡量商品的重要指标是目标消费者的分布情况，有人人都需要的产品，有用户稀疏的产品，还有用户很明确的产品。

根据产品需求情况和用户购买产品的介入度这两个属性做成一个二维表，世间所有的产品都可塞到这个二维表里面，这样划分的目的是明确产品销售的主要工作。

对低介入度的产品而言，用户购买很随意，销售者需要做的主要工作就是让用户知晓，用户知晓之后就会有相当不错的购买率。

用户介入度高的产品仅仅靠用户知晓是无法促成交易的，还需要做很多劝服工作。很多互联网公司进入 2B 领域，没有深刻领悟高介入度产品的销售门道，用 2C 模式蜻蜓点水的方法销售产品自然效果不佳。人人都需要的产品，显然要广而告之，在电视上做广告的多是这种类型的产品。

推销用户稀疏的产品，关键在于寻找目标用户。显然这是很难销售的一种产品类型，因此市场发明了许多方法和模式解决这种类型产品供需双方的匹配问题。

用户明确的产品省略了获客步骤，通常都会直接销售。

下表是我总结的不同类型产品所适合的销售模式。

不同类型产品的主要销售模式

介入度	人人需要	用户稀疏	用户明确
低介入度	广告、铺货、大众品类	互联网销售	农业社会，区域交易
高介入度	面对面销售	代理商销售	直销，竞标项目

消费品的销售

农业社会由于产品品种很少，生产能力、运输能力有限，虽然销售也有很多技巧，但在规模和形态上无法与现代社会相比，而且农业社会的交易范围有限，农业社会比较习惯于做熟人的生意。

从 19 世纪起源、在 20 世纪席卷全球的工业革命极大地扩充了产品种类，同时释放了产能这个"巨兽"，产品被大量生产出来。巨大的潜在产量加上交通的发展，商家能将产品便宜地运输到远方，产品之间必然会产生更激烈的竞争。

此时，商业公司和传播机构开始解决多产品多用户的匹配问题。营销创新就是利用更便利、更快捷的交通、各种信息技术等条件，用各种方法匹配品种繁多的产品和消费者。

1925 年，美国第一家百货公司西尔斯百货诞生，伴随着城市化的深度发展，百货公司用集约的方式销售人人都需要的产品，便于顾客挑选和比较货物，很快迎来了黄金时代。与过去的小商店相比，百货公司更好地解决了人人都需要的商品的销售问题。然后是超市时代，它解决了大量廉价购物的问题。最近又是网络销售，把信息、交通要素更多地利用起来，解决了大范围、多品种产品和消费者匹配的问题。

销售首先要找到买货人，让尽量多的人知道你有某种商品，因此，不断发明的媒体在销售进化中一直是非常重要的因素。据查，最早的报纸广告出现在 1650 年，英国的《新闻周刊》上刊登了一则悬赏寻马启示。到了 20 世纪 30 年代，收音机兴起。数据显示，在 1927 年，每 5 个美国家庭里就有 1 个家庭配有收音机。而到了 1940 年，每 5 个美国家庭里有 4 个家庭配有收音机。在这个阶段，收音机广告成了主流。

接下来是电视传播时代。1939 年，美国出现了第一台电视。1950 年，电视的渗透率还只有 10%，到 1960 年则变成了 85%。1954 年，美国电视广告收入超过了收音机广告和报纸广告收入的总和。1972 年成立的耐克公司有效地开发了体育明星代言产品、在电视上做广告的模式，并后来居上，坐上了运动产品的头把交椅。

1962 年，山姆·沃尔顿在美国阿肯色州罗杰斯小镇开了一家折扣店，后来发展成全球性的大超市——山姆大叔。

超市和百货商店有什么区别？理解万物营销，就要理解身边的各种商业。

超市主要销售低介入度产品，百货商店主要销售高介入度产品。超市主要销售高频易耗、低价格、只有品名没有品牌的产品。百货公司销售的商品具有低频、高价格、有品牌的特点。

在超市里，商品任人挑选、没有店员当面推销的模式降低了销售成本，这符合低介入度产品的内在销售特征。伴随着人们开车购物的外部环境成熟，大型超市逐渐成为一种主流销售模式，因为人人需要的低介入度产品的品种远多于高介入度产品的品种。

20 世纪末诞生的网络购物则主要解决了低介入度、用户稀疏的产品的销售问题，网络与电视相比，货架空间无限，购买方也很容易操作，找到所需的商品，把媒体在购物中扮演的广告功能直接升级为销售空间。以前的媒体如同百度搜索，它只提供信息。网络购物则是淘宝，除了提供信息，主要是能直接在上面购买产品。

每当人们发明了一种新的销售方式，都会伤害到原有的销售方式，同时也会扩大市场总量。2016 年，麦肯锡《2016中国数字消费者调查报告》中说，网购增加了 59% 的购买量，在没有网购平台时，人们会花 100 元买东西，有了网购平台，消费量涨到了 159 元。送外卖让许多饭馆冷清，由于更加方便，也有效地扩大了饭馆行业的总体市场。

搜索引擎广告以及各种互联网传播还解决了低介入度、用户稀疏的产品的传播问题。在大众传播资源集中时代，只有传播人人需要的低介入度产品才具有经济效益。

中国制造业就业人数约为 1 亿，零售行业则有 6000 万人。美国制造行业有 1100 万人，从事零售的有 1600 万人。制造环节的劳动生产率不断提升，销售效率提升相对就比较缓慢，这导致产品出厂价在零售价格中占比越来越低。

互联网对消费品销售方式改变非常大，因为这些产品多半都是低介入度的产品。用户知晓就会购买，不用看实物，消费者不需要很多的信息确认交易的可靠性，互联网信息正好能满足这些需求，互联网无限的货架空间，不断创新的推销方式还在迅速地改造零售行业。

2B 销售

个人消费品的主要销售方式是消费者去找货物，以坐商模式为主，2B 销售则是销售员上门推销。

目前全世界工业品的销售额大约是消费品的三到四倍。工业品的销售主要通过人员接触实现。大多数工业品都是高介入度产品，大众传播手段只能宣传浅表信息，而不能解决高介入度产品的销售问题。人与人打交道的方式建立在人性基础上，是很难改变的，因此工业品销售方式受到互联网的影响比较小。

2013 年，移动互联网应用发展迅速，华为也担心移动互联网有可能改变华为的销售模式。当时，我研究了这个课题，且不说华为销售模式中复杂的沟通能否被移动互联网取代，就成本而言，移动互联网也无法取代传统电信设备的直销模式。

当年华为中国区电信设备销售额近千亿，销售体系只有3000 人左右，人员成本在销售中占比很低，即使被移动互联网完全取代，成本下降空间也很少。最后的结论是华为的销售模式不可能被移动互联网取代。

大多数人和公司都不会像我一样思考问题，他们都是去试，试固然是必不可少的，如果加上对商业基本规律的理解，"没有理论指导的实践是盲目的实践，离开了实践的理论是空洞的理论"。

第二节　OVIT 营销方法论

企业管理方法论并不是严密的科学，它是对企业运作中共同要素的归纳，应用者可以根据方法论中的要素向导，企业根据方法论的引导，结合自己的情况，找到自己的关键要素，就像华为根据 4Ps 发明了自己的五环十四招。

企业、个人也可以发明自己的方法论，柳传志说，一流人才都是善于总结的人。有自己的一套打法、有自己的术语是优秀企业的特征，打法、术语就是企业自己的方法论。任正非在 1995 年给新入职员工的讲话中说："有一句名言，'没有记录的公司，迟早要垮掉的'，多么尖锐。一个不善于总结的公司会有什么前途，个人不也是如此吗？"

根据华为和许多公司在各行各业的实践，我发明了一个新的营销方法论——OVIT 模型。OVIT 模型即机会（Opportunity）、价值（Value）、信息（Information）、信任（Trust），核心就四句话：**机会是关键，价值是基础，信息是手段，信任是目标**。

好的方法论有两个特征：

第一，易联想，好操作。

第二，有普适性，适合千行万业。

OVIT 方法论要求在销售过程中首先确认用户对产品的价值认可，一定要销售用户认为有价值的产品，否则事倍功半；抓住机会的销售才容易成功；销售过程中所做的一切工作都是围绕着信息传播展开的，不同行业的销售方式有差别的本质原因在于产品成交所需信息的不同；相信才可能成交，即买方只有相信了产品才会购买产品。

OVIT 方法论

这种方法论并非只是为了理论创新，而是为了用于实战。当我们记住核心的四句话，并以此来思考销售的问题时，它会引导我们联想很多相关问题，如果这些联想能帮我们梳理思路，引导我们厘清销售的问题，它就是一个好的方法论，否则就是无效的方法论。

机会是关键

进入一个行业，获取订单，一般都需要抓住机会。先行者要探路、要冒险，要教育顾客，给他们的奖赏则是先发优势。

抓住机会的先行者积累了经验、优化了产品、做厚了客户关系、产品建立了黏性，让进攻市场的后来者非常困难。

机会既是战略问题，也是战术问题。每个伟大的公司都抓住了一个大的历史机遇，每个重要的业务都要生逢其时。抓机会是商业的本能，是销售员的本能，不断地强调，也可以强化这种本能。

1998 年，任正非学到了"机会窗"这个词，此后的讲话不断出现"机会窗"，在"机会"后面加的一个"窗"表示稍纵即逝的意思，窗口打开了你可以进去，关闭了，机会就没了。华为从战略到战术都不断强调要对机会敏感。在销售程序上，分析机会也是核心步骤。

春节联欢晚会上赵本山的《卖拐》系列小品是一个很好的营销教育短片，浓缩了销售的要素和诀窍。其中有一段对话，就是强调机会的作用：

高秀敏：我还不知道你那强项，我孩他爸可有意思
了，听说人家买马上人那儿卖车套，听说人家买摩托上
那儿卖安全帽，听说人失眠上那人家卖安眠药，听说人
家——

赵本山：别说了，这叫市场，抓好提前量！

高秀敏：你那提前量也有打失误的时候！

赵本山：这拐打失误了。

赵本山的提前量就是寻觅并抓住市场机会。

价值是基础

产品价值可以分成客观价值和主观价值，或者理性价值
与感性价值。

所谓客观价值或理性价值就是确实有用途的那一部
分，——手机能打电话，运行 APP、照相等各种功能，轿车
可以代步，手表可以走时都属于客观价值。主观价值是用户
对产品的主观评价，功能、性能几乎完全相同的手机价格也
可能差几倍，这个价值差就是顾客主观上的评价。

不同商品包含不同的主观价值和客观价值，化工原料、
钢材多少钱一公斤，产品的成分、性能都有标准，这种产品
的价值都是客观的，几乎不包含主观价值。像化妆品、奢侈

品则主要由主观价值构成。

下图列举了一些产品的价值构成：

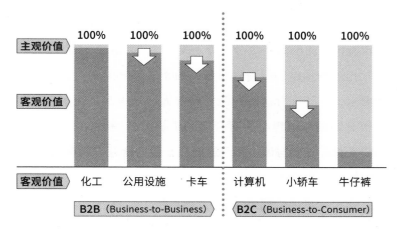

不同的行业 / 产品客观价值与主观价值，
主观价值越大，品牌越重要。

产品的客观价值和主观价值

客观价值是基础，如果完全不具备客观的、功能性价值，就要完全靠营销塑造主观价值，消费者通常认为销售这种产品就是骗子。

许多产品销路不畅，是因为产品本身缺乏用户认可的价值。我们处在一个人人动脑创新的时代，每天都有大量的产品和服务被创造出来。创新者在想各种办法把产品卖给目标用户，所有卖方都认为自己的产品是有价值的，但目标用户却有可能不买账。用户不认可产品的价值，销售者却没有真正意识到，这是很可悲的。

一个公司活了下来，证明它们在销售有价值的产品。但同样有许多创新产品不能被及时确认价值，有很多人守着根本没有价值的产品，白白浪费金钱、时间和机遇。

把冰箱卖给因纽特人或者把梳子卖给和尚是对销售的苛刻要求，不切实际。单纯激发销售人员是很难从根本上改善销售业绩的，销售必须有合适的组织、合理的分析及规划。**销售人员必须参与评价和改进产品，创造让顾客满意的产品，才能构成良性循环、促进销售。**

销售和价值之间不完全是单向的关系，任何人要销售某种产品必定认为它是有价值的。就算是骗子销售一种自己不相信的东西，他也会觉得可以说服用户认可其价值。

企业经常忘记的一个基本事实是它的产品有可能是没用的，产品价值必须由用户来判断，价值要在销售中得到确认或者否认。

能够持续卖出的产品是有价值的产品，有价值的产品才值得我们努力销售。这是一个循环论证的逻辑，那么，如何破解这个循环？

新闻网站如何确定一篇文章是否被用户喜爱？方法就是先发给一定数量的人看，比如1万人，然后根据用户的点击情况，决定文章是沉底还是置顶。现实中这种玩法也并不新鲜，书店会把新书放在显眼的位置让读者看到，过几天看看它的销量如何，销售得好就把它放到更好的位置，销售得不好就把它移到不好的位置；街头报刊亭也会把最畅销的报刊放在顾客最容易看见的位置。

自然选择会确认产品的价值。如果产品已经无法更改，在销售传播中，围绕着价值提取、价值呈现进行宣传也很重要。

工业品、慢销品，每一种商品都有确认价值的方法。如果市场已经证实你的产品没有价值，及早改变才是明智的策略。

2001～2002 年，中国开始进入宽带上网时代，居民、酒店、医院等都开始部署宽带。作为一种新服务，宽带的商业模式也在探索中，其中，最核心的部分就是如何收费。华为把固定电话的商业模式直接搬到宽带上，做了一个叫做 iTelin 的宽带智能网产品。最主要的功能就是像固定电话一样对各种场景用户使用宽带进行计费，比如在酒店，我们叫 ipHotel，主要功能是对酒店入住客人上宽带计费。当时有免费上宽带的酒店，也有计费的酒店。经过了大约两年的竞争，采用免费模式的酒店明显占据优势，ipHotel 就成了一个没有价值的产品，华为就很快淘汰了这个产品以及宽带智能网。

很多情况下，销售经常能够提供需求线索，改善产品价值。由于互联网具有容易扩散和改变的特点，互联网行业早就发明了迭代逼近法。在传统行业，这个方法只有少数先知先觉的公司采用。小米做手机时，一个天天宣传的卖点是每

个星期更新一次 ROM（机身内存），这个做法很快也被其他
中国手机厂商采用，只是频率没有那么高。事实证明合适即
可，不见得频率越高越有优势。但如果不更新 ROM 呢？三星
已经是前车之鉴，不更新即缺乏售后服务，缺乏与用户的连
接，有时还会造成手机卡顿，出现应用兼容性差的问题。有
的饭馆也意识到更新的重要性，比如麦当劳每隔一段时间会
推广一款阶段性新品，满足需要尝试新品的顾客的需求。

信息是手段

　　一份报刊摆在报刊亭等着被顾客购买，一个项目销售则
需要复杂的策划、沟通、运作。极其简单的销售和非常复杂
的销售有什么共同点？

　　答案就是：**所有的销售都需要传播产品信息并连接目标
用户**。销售一份报刊需要的信息很少，而销售一个项目则需
要大量的信息。

　　不同产品有不同的销售方法，方法主要有以下几种：占
领一个位置开店；把产品陈列在货架上；打广告；把货摆到
淘宝或京东等电商平台上去卖；在搜索引擎上购买关键字；
陌生拜访；人员沟通；召开产品发布会和推介会；举行招商
会，招募代理销售；参加技术交流会；直接带领客户参观公
司；高层拜访；通过人际关系销售；让用户试用；在卖场派

驻销售人员推销；等等。

这些销售方法的核心都是传播信息，那为什么不从信息传播的角度捋一捋这些营销活动，让营销信息传播得更准确、让营销套路更鲜明呢？

明确即是指引，很多企业在介绍产品时没有重点，不能给别人留下鲜明的印象。如果知道介绍材料时要总结出几个突出的卖点，介绍围绕着卖点进行更好，企业就会聚焦于有效传播信息，做材料的人慢慢就会归纳出让别人有印象的卖点。

在销售活动中，请客吃饭沟通是最常见的。假设已经相信信息传播和获取是销售的核心，我们就会在这个目标的指引下突出相关的工作。华为公司的销售员在请客户吃饭时，有时会带着投影仪，利用饭前、饭后间隙时间放几页幻灯片介绍产品。我们有时会觉得这样做有点过分，或者比较尴尬，但从效果来看，这样做还是有用的，接触用户而不传播信息，等于是浪费了接触机会。

公司的研发生产部门把产品做出来，已经创造了产品的客观价值，销售部门就是要把这种价值传导给目标用户，销售的过程就是制造信息、传播信息的过程。每个行业都发展出了不同的销售方法和步骤，这些方法和步骤未必十分合理，无效的步骤也有很多，所以要想超越同行，取得更好的销售业绩，企业就要更有效地制造和传播信息。

信任是目标

在产能可以快速放大的时代，有价值的或者价值相似的产品很多，因此每个产品能够被消费者选中的机会并不多。销售者总有此类苦恼：明明我的产品和竞争者的差不多，为什么我的就卖不出去呢？我的产品比市面上热销的产品性价比更高，消费者为何不选择我呢？

这是因为消费者不相信你的产品，只有消费者相信了，才会成交。也可以说，**销售的终极目的是为了赢得用户的信任**。

"推荐好东西，不要低三下四，能成交就成交，不成交就下一个。你若信我三言两语就能成交，你若不信，我就是把华夏五千年文明给你讲一遍，你也会说我考虑考虑——成交来自于信任。"董明珠说。

"什么是核心竞争力？选择我而没有选择你就是核心竞争力。"任正非这样说。

生产者常常有一种错觉，认为用户像自己一样了解产品、关注产品。出售产品的一方要靠这些产品赚钱吃饭，而目标用户分配给这个产品的时间也许只有 1 分钟。不要试图从猴子如何演变到人说起，也不要从种黄豆讲到酿制酱油，销售不仅要多创造机会接触用户，也要在有限的机会中获得用户的信任。

人们在市场活动中发明了很多方式让用户和生产者之间

建立信任：淘宝网发明了用户可以点评的模式，防止商家欺骗顾客；京东自营产品通过专业采购、检验，防止假冒伪劣产品出现；产品如果能摆到沃尔玛超市的货架上，则意味着产品的质量过关。

品牌是让目标用户产生信任的最综合的一种说法。

2010年年初，联想发布了一款高端智能手机"乐Phone"，试图进军高端手机市场。当时联想手机的市场地位尚可，但乐Phone并未如预期般获得市场认可。随后，联想就放弃了高端机研发。2014年年初，联想以29亿美元的代价收购摩托罗拉手机，然而摩托罗拉这个沉沦的品牌并未再次雄起。华为从2012年开始进军高端手机市场，在经历了几款手机的失败后，终于在2014年年末获得了市场认可。

在建立品牌、获取用户信任的道路上，华为坚持下来了，也赌对了。现在，许多行业的生产已经施行外包制，研发也不存在根本性的障碍，公司可以较为清楚地评估开发一款合格产品的投入，然而对于要花多长时间、多大代价才能赢得用户的信任，却都没有把握。就像牛顿炒股失败后所说："我能计算出天体运行的轨迹，却难以预料到人们的疯狂。"

顾客在购买低介入度产品时，只需要相信产品质量即可。在高介入度、金额较大的项目中，用户相信的不仅仅是产品，还包括销售的人。在大型项目中，客户关系很重要就是这个原因。

虽然我们不能估算出获取用户信任所需要的代价，但却可以寻找一些关于获取信任的规律和途径。如果销售者有更明确的获得用户信任的目标，那么步骤、方略就会更明确，这就是方法论的意义所在。

我们以华为手机为例，用 OVIT 方法论去解释和设计华为手机的营销。

O，中国手机的成功都是抓住了功能机向智能手机转变、市场有可能重新洗牌的机会。作为电信设备制造商，华为进入手机市场有一个优势就是技术力量雄厚，但是，它的巨大劣势则是不理解面向消费者的业务，智能机转型时期运营商率先送手机圈用户给华为进入市场提供了一个台阶，华为利用了这个机会窗口初步理解了手机产品和市场，再努力一下就成了真正的玩家。

V，产品价值，不是要讲手机有什么用（对于成熟产品这是缺省选项，全新品种产品才要解释它的用途），而是要突出你的手机为什么最好，也就是卖点。为了寻找卖点，要用很多方法，如市场细分，尝试各种卖点，看看哪个卖点可以被市场接受。华为做了各个细分市场，定位于高科技，因为华为的实力和企业形象，消费者更容易接受这个定位。华为尝试了各种卖点，后来成功地把照相这个卖点营销得比小米的"跑分"更靓丽，市场势能就发生了逆转。

I，消费品的信息传播对广阔度的要求胜过对具体客户深度信息传播的要求。在互联网、多样化、碎片信息的情况下，迅速尝试、理解，掌握各种信息传播手段。

　　T，消费品面向海量的目标客户，前面的三个要素都为了这个临门一脚的目标。产品赢得消费者信任的综合要素统称品牌。广告只是建立品牌的一种方式，所有能找到的角度都尝试让消费者更信赖华为。学优衣库的店面管理，学以服务好著称的消费品厂商。在实践中优化售后服务，给老旧手机廉价换电池，等等。

　　你的商品也可以用这四个要素去联想，如何改善销售方法，假如真能找到有用的、可落实的方法，这个方法就会创造出实在的销售业绩。

第七章

机会是关键

市场经济总是制造过剩，才有了营销。

绝大多数行业先行者都会压制后来者，经济学术语叫做先发优势。不同行业先发优势的原因是不同的，通常有下列几种因素有利于先行者：

1. 先行者有机会实现网络效应和正反馈回路，规模效益和网络效应让先行者取得了巨大成本优势和产品质量优势。先行者树立了壁垒，提升了产品和服务标准，让后来者难以进入。

2. 先行者可以建立重要的品牌忠诚度，占领了消费者的心智。在感性方面，消费者不愿意去尝试后来的新产品，消费者尝试购买一个新品牌确实也面临上当受骗的风险。

3. 先行者可能有机会先于竞争对手实现销售，许多产品都是通过渠道销售的，瘦田无人耕、耕肥了人人争。如果有渠道胆敢导入新厂商的产品，优势厂商可以通过威胁、打压等手段阻止新品进入。

4. 先行者为使用它的顾客创造了转换成本，用户习惯了用苹果手机，换非苹果手机需要学习；用户习惯了某个品牌的香烟之后，不喜欢其他品牌的香烟。

5. 先行者可能积累起关于顾客需求、分销渠道、产品技术、工艺技术等有价值的知识。

但先发招也有劣势，开拓一个新品类的先行者要冒巨大的风险探索需求，大多数由于无法开拓出有效的需求都会血本无归，马云说你看到的 1 万个 APP，背后有 99 万个你根本看不到的 APP 夭折了。先行者还要承担教育消费者、培育市场、探索并理顺销售通路的成本。

由于身边大量的案例，证实了机会无论对企业还是个人都是非常重要的，现在人们要比过去更看重机会。

第一节　宏观机会

雷军曾说："创业，就是要做一头站在风口上的猪，风口站对了，猪也可以飞起来。飞猪的最关键问题是当我们很羡慕成功者的时候，千万别忘了他们只是一头猪而已，在空中飞的猪。如果你有这样的态度，有良好的积累，应该花足够的时间研究风向、研究风口，这样成功的概率要大很多。"

雷军用一个形象的比喻说明了机会的重要性，飞猪形象易懂，成为人们解释机会重要性的流行语录。

2010 年，雷军找到了一个风口——创办了小米公司进入智能手机行业。现在，小米已经成长为一个 2000 亿元年销售额的企业。作为一个进入信息行业很早的学霸，雷军对错过互联网服务行业非常懊恼，按照雷军当时的想法，做智能手机只是进入互联网服务行业的途径。当时，雷军认为直接进入即将兴起的移动互联服务已经没有了机会，通过大量销售智能手机，在手机内预装互联网服务软件的方式进入是一个预设的途径。

因为要迅速扩大手机销量，小米手机采取低价策略，贴地飞行。2015 年，小米手机就冲到了中国智能手机的前两名。后来证实，通过手机曲线进入互联网服务并不是可行的途径，只专注手机也取得不错的结果。

2010 年，王兴创办了美团，当时他认为做容易做的货物电商已经没有了机会，淘宝已经包罗万象，任何与淘宝直接竞争的公司都是徒劳的。他只能进入盐碱地，干开拓本地互联网服务的业务。当时许多人也认为通过互联网开展团购服务貌似是一个不错的方向，所以很快就上演了千团大战。由于王兴特别能打，成为最后的赢家。到 2020 年中，美团已经成为一家市值万亿港元的互联网服务企业。

2012 年初，张一鸣创办了字节跳动科技公司，此后开发了今日头条、抖音等爆款应用，在纯信息服务领域开凿出了富矿，截止到 2020 年中在没有上市的情况下，估值已经达到 1500 亿美元。

又过了三年，一般人认为移动互联网服务大战已经尘埃落定，不可能再孕育成功新的大公司。2015 年 9 月拼多多上线，拼多多飞一般的成长速度，到了 2018 年 7 月 26 号就登陆了美国股市，现在市值已经突破了 1100 亿美元，拼多多已经实质性地威胁到了看似坚不可摧的淘宝购物。

机会至关重要，找到机会、抓住机会却十分困难。所以，马克·吐温说："等机会错过了，才发现我曾经有过机会。"

尽管没有普适的法则发现机会，天天盯着周边搜寻还是比无动于衷的人能够获得更多机会。

引进发达国家证实的产品和服务

先行者有许多优势，最大的劣势则是他开发的产品或服务不一定命中需求，倘若这种产品和服务在另外一个地方已经证明是有需求的，模仿先确认需要地方的产品和服务就是一条抓住机会的捷径。

　　中国第一拨互联网公司，三大门户新浪、搜狐、网易就是拷贝了美国门户网站的模式。不久，其他公司又参考了美国的购物、搜索、即时消息等服务，最终阿里巴巴、百度、腾讯、京东等公司成为这一拨互联网服务的翘楚。

　　传统工业公司则通过合资，来料加工，组装整机等方式逐渐掌握了产品设计技术和生产工艺。随着国家和居民财富的增加，国内的需求逐渐扩大，许多行业都成就了一批工业企业。

　　现在，发达国家所有的产品和服务在中国已经不再有空白点，所有的行业都有相当有竞争力的中国企业存在，工业的进口替代，互联网拷贝美国模式已近尾声，引进先行国家产品和服务的机会窗慢慢关闭。

　　一种产品和服务形成了有效的销售，就是踏上了赛道，接下来开始优化，抓住更细化的机会窗展开竞争。

　　互联网行业、制造业的每个具体行业，当初都有很多公司抓住了机会，一时间百舸争流，最后胜出的是不断抓住精细机会的企业。

产业整合的机会

　　许多行业具有天然趋于集中度提高的趋势，当一个机会出现后，千军万马进入，不断地淘汰，最后经常只剩下少数企业存活并垄断市场。

由于许多有影响力的行业，尤其是互联网行业每种细分的应用都最终由少数厂商垄断，人们因此粗略地认为所有的行业最终都是大鱼吃小鱼，活下来的都是少数企业。实际上也有很多行业并非如此，会计师事务所、律师事务所、理发店、饭馆等并不具有大鱼吃小鱼的特征。迈克尔·波特在竞争战略里系统研究了行业区域集中还是分散的问题。一般来说，网络效应、产品和服务边际成本低廉，有较高的技术含量、产品复杂的行业有向集中化发展的趋势。缺乏规模优势的行业始终是一个天然分散的行业。

在实际运作中，人们不会管那么多研究和理论，企业尽力长大，尽可能干死对手成为最后的胜者。

中国经济经过四十年的发展，许多行业经历了严酷的竞争，已经完成了分散整合，剩下来的寡头开始过好日子。

家电行业 1990 年左右就进入了白热化竞争阶段，改革开放之后，通过合资生产或者购买一些零部件组装家电是很有利润的，几年之后，千军万马杀了进来，生产规模的扩张速度远大于需求扩张的速度，很快进入了激烈的价格战，从地板价打到地狱价。更擅长营销的公司容易起量，会成为胜利者。

并不是所有的行业剩下少数厂商就进入了舒服期，中国家电行业最终胜出的空调、冰箱、洗衣机等家电厂商利润已经非常可观且稳定，但生产电视机的厂商现在仍然很难赚钱。

　　华为代理小电话交换机时，由于需求非常明显，也有数百家公司杀入了这个行业。在代理转自研产品时淘汰了一大批公司，自有产品大型化、复杂化时又淘汰了一批厂商，行业很快完成了从分散到集中的整合。电信设备技术含量高、研发工作量大，是促成集中化的一个主要因素，忽视对研发产品强化投入的公司很快就暴露了明显的劣势。

　　电信设备行业困难的国内公司要面对国际巨头的竞争，也就是说从全球视角看，早已经完成了集中化整合，中国厂商并没有机会冒头。

　　但有两个因素为华为逆袭创造了条件：第一，迅速增长的国内市场，就算是得到了一些边角料也可以吃饱吃好；第二，就是华为在研发上更注重投入的有效性，尽管公司规模没有跨国公司大，研发经费比别人少很多，但有钢用在刀刃上，研发投入要十分注重转换成产品竞争力。

　　2003 年，任正非提出要领先半步的说法。2004 年，他进一步说明了领先半步的策略，在《华为核心价值观》一文中说："许多领导世界潮流的技术，虽然是万米赛跑的领跑者，却不一定是赢家，反而为清洗盐碱地和推广新技术而付出大量的成本。但是企业没有先进技术也不行。华为的观点是，在产品技术创新上，华为要保持技术领先，但只能是领先竞争对手半步，领先三步就会成为先烈。华为明确将技术导向战略转为客户需求导向战略。通过对客户需求的分析，提出解决方案，以这些解决方案引导开发出低成本、高增值的产品。盲目地在技术上引导创新世界新潮流，是要成为先烈的。为此，华为一再强调产品的发展路标，是客户需求导向。以客户的需求为目标，以新的技术手段去实现客户的需求，技术只是一个工具。新技术一定是能促进质量好、服务好、成本低，非此是没有商业意义的。"

在制造业，许多中国企业像华为一样，在巨头垄断的市场杀出一条道路，自己后来也成了巨头。

中国现在还有很多行业，集中度不是很高，提高集中度的趋势成为很好的机会。股票市场寻找的是某行业的格力、美的，也就是寻求行业集中化的头部企业。

变化出机会

每当出现重大技术变化时，人们都把这种变化看成是洗牌的机会。内燃机汽车变成电动机汽车、功能手机变成智能手机、移动互联网的兴起、城市化都催生了许多商机，抓住商机的公司一飞冲天。

10年前，小米公司成立时，一般的观点认为移动互联网服务最好的机会一定属于在位大佬了，非BAT莫属，小米试图曲线救国，千团大战则努力去开垦大佬看不上的盐碱地。谁能想到字节跳动会找到这么好的一块肥肉？谁能想到拼多多采取硬干的办法也能打出来一片天地？

功能手机时代，诺基亚是绝对的王者，还有三星、摩托罗拉等，智能机时代重新洗牌了，只有三星成功转型，企业的功能机品牌全都沉没了，崛起了一批新公司。

变化意味着在位企业原有的优势已经不存在或者已经被削弱，新要素又加入进来，成为取得竞争优势的关键。

功能手机的竞争要素主要是供应链、硬件设计、品质控制等。到了智能手机时代，加入了一个非常重要的元素，就是软件和生态，诺基亚错失了构建软件能力和生态的机遇，很快就被淘汰。

小米公司作为一个从未涉足电子硬件产品的门外汉，杀入智能手机行业之后，迅速取得巨大市场份额。雷军一早就提出智能手机的铁人三项模型，这三个项目就是软件＋硬件＋互联网服务，他最初的三个核心产品是手机、手机上的社交聊天软件米聊（米聊早于微信，当时微信尚未爆发），还有在安卓基础上改造的手机操作系统 MIUI。

尽管后来小米未能通过米聊成功地进入互联网服务领域，但小米利用了互联网的营销能力，MIUI 给小米手机创造的口碑效应极大地助力了小米的成长。硬件能力是小米的短板，但手机行业有大量专门设计手机硬件的 ODM 公司（原始设计制造商，指设计和制造硬件委托其他公司）补充了小米的短板。小米着力打造符合智能机需要的竞争要素，它虽从零开始，也迅速抓住了手机行业重新洗牌的机会。

移动互联网的机会主要是催生几家大型互联网服务公司，打车和送外卖的公司主要是有效利用了手机随身携带、可以关联使用者位置的特性，找到一种可以利用手机传送位置信息的特性的服务，通过计算机系统的算法，把位置信息和服务人员很好的匹配起来，就是前所未有的服务种类。

在一些非常传统的行业，消费者更有钱，商圈的变化也让一些企业过时淘汰，成就了一些更符合时代需求的企业。

第二节　销售机会

销售机会就是取得每个具体订单、销售一个产品的机会。销售机会是微观的机会，宏观上的机会要靠微观销售具体实现，在微观上有办法获取更多的机会至关重要。

在缺乏营销手段的乏营销行业，商品只能陈列在一个地点，等待顾客挑选。这些行业获得销售机会的方法就是寻求更好的销售地点，传统零售业的地点就相当于互联网的流量，谋求更合适的地方开店永远是很重要的经营要领。在零售行业，购买者决策很简单，不需要很多说服，销售机会大致上等同于销售。

"前些年物流行业大发展，只要开出一个店，就有很多货单。"显然，抓住市场需求爆发机会多开店是获取销售机会可靠的方法。

前些年智能手机市场爆发之时，OPPO、vivo采取广告轰炸加上地面渠道密集覆盖夺取市场。广告用来说服顾客，通过星罗棋布的零售店获取更多的销售机会。

靠人主动推销的富营销行业获取营销机会的方法较多，每个行业都有一些获取营销机会的套路。马云创办阿里巴巴时，没有任何背景和条件，只是有帮助小微企业通过网络做生意的想法，小微企业不会因为你做了一个网站就上去交钱注册会员。在那个年代，大多数企业还不知道互联网。阿里巴巴怎么获得销售机会呢？就是硬着头皮推门去拜访一家一家的小微企业，当面像别人推销阿里巴巴的会员服务，这种获得营销机会的方法后来简称陌拜，就是拜访陌生人的意思。更要命的是阿里当初设想的业务并不真实有效，阿里巴巴并不能给会员带来销售收入，这样就无法形成良性循环，阿里就需要主动出击创造更多的销售机会，可以想象，早年阿里搞陌拜营销的员工是多么痛苦。

2B型销售通常都是以人员主动推销方式获取销售机会的，其方法有：

细分市场：一个对市场情况完全陌生的新企业，最初的销售方法是东一榔头西一棒子，过一段时间，就会找到一些规律，什么样的行业或者客户命中率更高，自然就会形成更有针对性的开拓某个细分市场的打法。

如果一个企业的规模比较大、销售人员比较多，就会按区域、行业的分工，每个小队伍到一个狭窄市场深入挖掘，就可以获取一些销售机会。

销售漏斗：长周期从发现销售线索到最终成交回款要经历很多步骤，越早期阶段，项目成功的概率越低，用户有采购动议时，许多厂商都发现了这个销售机会，然后经过初步沟通，提出初步方案、竞标、谈判等环节都取胜，才成为签订合同的那家公司。每个步骤都会有一些销售方出局，项目就像一个漏斗一样，发现机会多，成交的比较少。

为了获取更多的订单，就要尽可能多地挖掘销售线索，获取销售机会。企业运作一段时间，就会形成自己的长板和短板，有些企业有办法获得很多销售线索，但转化成订单的比例比较低，有些企业获取销售线索的能力差，但转化成订单的能力却很强。这种情况下，企业一定要能发现自己的弱点，补齐短板。

华为从销售电信设备起家，销售对象单一，不存在获客的问题。当华为进入了企业网络市场，马上就暴露了获客能力不足的短板，尽管从线索到机会的转化率高，但漏洞上端发现的销售机会太少。

风口型机会：最近几年各个城市都在上马"智慧城市"项目，对于相关厂商，这就是一个风口型的销售机会。在 2B

销售中，风口型的机会是非常常见的销售机会。政府相关部门采购政策导向是很关键的，一种类型的项目只要没有太大的问题，经常会成为一个风口，政府一旦倡导，相关部门都会上马类似的项目。政府相关的很多部门并不仅仅关注经济回报，经常成为创新科技的试验田和培育者。

企业采购也会时常出现风口，一种技术有了比较成功的样本，很多企业就会效仿，比如，某个企业使用大数据分析确实能够带来效益，推销大数据的公司就将这家企业作为样本鼓动其他企业也上大数据项目。

通过计划挖掘机会：地推、陌拜是一种很低端的销售方式，销售员面临的阻力巨大，屡遭拒绝和白眼，公司为了推进销售，只能强制销售员每天要完成多少个客户的陌拜指标。

现在公司销售管理都要管理到销售线索，销售人员都要努力挖掘销售机会，销售机会或者线索要填到销售管理工具里面。团队如果能够给销售员提供一些支持，销售员就愿意把他们掌握的销售机会分享出来，如果销售模式是销售员单打独斗的，没有形成团队支撑的销售模式，销售员倾向于隐瞒自己挖掘的销售机会。

市场经济模式是各行各业天然都供大于求，只有极少的产品是顾客非买不可的，绝大多数供应方都不是不可或缺的。有需求的用户为了防止过多的卖方进来添乱，即使有需求他也会隐瞒，就像我们通常不欢迎各种骚扰电话一样。

第八章

价值是基础

对于许多创造新产品、新服务的公司来说，销售最大的障碍就是确认商品或服务的价值，销售方用心太深，容易走火入魔认为自己的产品很有价值，目标客户的看法却可能不一样。马云说，你们看到阿里巴巴有 1 万个 APP，背后一定有 99 万个没有面世的 APP。

任何时候静态、缺乏想象力地去看用户需求都只有两种情况，要么需求被满足，要么现有的技术无法满足客户需求。

卓越的公司就是不断地在夹缝中创造新的需求、新的标准，或者培养用户的新习惯。在移动支付普及之前，我们并未觉得不方便。现在就算是最顶尖的运营商和网络设备商也说不清 5G 到底有什么真正的价值。

销售的基础是价值确认、价值修正、价值创造，唯有在实践中摸索，在实践中扬弃，销售才能找到更好满足用户需求的价值。

第一节　准确理解用户需求

对卖东西最大的误解，是销售员认为要说服别人购买。实际上，销售最关键的是发现用户的需求，并提供最匹配用户需求的产品。

现实商业中有多种因素让卖方无法洞悉真实的用户需求，卖方设计一款产品和服务时，缺乏对真实需求的了解，只能靠揣测。市场上充斥着各种各样的产品和服务，市场调研很难深入，难以发现新的需求点，而成熟的需求点已经被大量的产品所占领。

许多时候，调研用户也无法理解用户需求，因为用户自己可能也想不清楚自己的需求是什么，就比如福特曾说："如果你问用户需要一辆什么样的汽车，他会告诉你需要一辆更好的马车。"乔布斯也说过类似的话："人们不知道他们想要什么，直到你把产品放在他们面前。"

用户不能准确表达自己的需求，这就需要销售人员有好的理解力。在 2B 销售中，用户经常出于各种目的，用隐瞒真实需求、故意把需求说得很含糊等常见的手段控制交易。

那么，我们该怎么做，才能准确理解用户需求呢？

第一，换位思考。绝大多数销售人员只是想着卖产品，很少从客户角度考虑问题。在给 2B 类公司做营销培训时，我常常问："你们是否清楚你的客户的考核方法？"很少有人能回答上来，大多数公司对他们客户的情况了解都不够充分，整天想的只是卖东西、卖东西。

华为销售培训，会研究客户的 CEO 关心什么，技术部门关系怎样，建设部门是怎么考虑的，需求由谁提出，哪个地方可能会遇到阻力，这些都是消费分析的例行功课。

如果销售的是个人用品，起码要琢磨一下自己会不会用，退一步讲，也要琢磨一下自己会不会被忽悠。例如，很多卖保健品的，销售者知道这东西不靠谱，其销售逻辑仍然是成立的。

第二，你不是顾客。许多人是从自己的喜好引申出做生意的想法的，比如小区旁边农家绿色食品专营店的店主就是了解到他周边的人对绿色放心食品比较执着，然后就租房子开店的；再比如东北人开东北饭馆、四川人开川菜馆都是很自然的。

但生意却不是这样，**用自己的需求代替基本的用户需求分析经常是一个陷阱**。罗永浩做手机时就很执着于朴素的直觉，他认为自己对哪款手机更美观、哪种颜色和造型畅销有过人的见解。由于罗永浩的热度较高，擅长发明一些广泛传播的金句，强化了他的这种错觉。每投一款手机都需要很多钱，同时都有巨大的机会成本，失败了几款之后，几年时间过去，生存的机会窗关闭了。

OPPO、vivo 在相当长的时间则尽量模仿苹果手机，从外形到操作方法，从某种角度上说 OPPO、vivo 手机就是中等价位的苹果手机，苹果手机是被市场认可的手机，这就是一种对待需求更客观的态度。

从产品设计、广告设计、销售组织结构到直接接触顾客的销售员的话术，每个环节都要理解客户需求，对准客户需求。

2017 年 12 月初，空中客车的销售总监约翰·雷义退休，他曾被人们称为"世界上最成功的销售员"。

在其 23 年的销售生涯中，雷义战绩辉煌。在他的领导下，仅用 4 年的时间，空中客车的市场份额就从 18% 增长到 50%。

雷义曾总结了五条业内闻名的推销法则：

1. 最好的推销员，一定是最有活力的人；

2. 了解自己的产品，永无止境；

3. 所有的推销在见面之前已经开始；

4. 推销如打仗，必须有武器（采用最先进、极致的手段展示产品）；

5. 把顾客当学生而不是上帝。

有一次，雷义向美国西北航空公司推销空客 A320 飞机。他按照事前的准备，把这款机型适合西北航空的要素说了一遍，譬如耗油少、机舱容量大等，但对方听完后似乎不为所动。

雷义看着对方谈判负责人——美国西北航空公司副总裁

奥斯汀，有点不知所措。他突然想起奥斯汀是飞行员出身，做了 25 年飞行员才升到高管，而 A320 刚刚对驾驶舱进行了调整，操作更方便，飞行员的空间更大。

于是，雷义迅速调整了思路。他先和奥斯汀交流了一下自己以前当飞行员的经历，那些难熬的夜班飞行、狭窄的驾驶舱、烦人的噪声，在得到对方的认同后，就说起自家 A320 的操作性和舒适性连飞行员都赞不绝口。

最后，他强调："一款飞机省油，老板满意；机舱宽敞，乘客满意；操作方便，飞行员满意。大家都满意的飞机，有什么理由不买？"

就这样，雷义签下了一份 28 架 A320 的价值 25 亿美元的大单。

这种描述是过于简单和戏剧性的，雷义给西北航空推销飞机这个故事可能过于简化了，这种大型采购双方你来我往，人们对产品的细节自然非常了解，交易不可能像故事里这么简单。但这个故事所表达的道理是对的，抓住需求才是关键。

产品已经设计、生产出来了，销售员就是要挖掘用户需求，展示产品优势，好的销售必然包括洞察需求的能力。任何商品的成交都有购买者情绪、主观认知的参与，销售者洞察购买者的看法，"对症"推销才更有效。

当顾客走进一家手机专卖店时，他可能说不清需要一款什么样的手机，他对专卖店手机机型也许并不是很了解。优秀的销售员需要洞悉用户需求，然后提供合适的产品满足用户需求。

曾经有一个电信运营商的数据通信网络服务被思科垄断，运营商没有引进竞争者的需求。华为费了很大劲，才向该运营商销售了几个无关紧要的设备。怎样才能突破核心部分呢？

华为的销售人员很有套路和经验，他们知道用常规的招法已经搞不定了。华为的销售人员洞察出一个需求——他们发现该运营商网络设备容量已经快要饱和，近期会扩容，但思科的供货周期很长，需要两三个月的时间才能到货。于是，华为提前把客户需要的产品拿过来，放到仓库里，客户一有扩容需求，马上就可以供应。就这样，华为通过深度分析客户需求，抓住了稍纵即逝的机会，实现了突破。实践证明华为提供的设备质量是可靠的，而借助产品建立了较为深入的客户关系后，再重复销售就容易多了。

在讲解需求时我经常用这个例子：顾客想买一个钻头，但是他其实只想钻一个孔，所以他的需求不是钻头，而是那个孔。谁若能提供更好的钻孔方法，谁就能赢得顾客。这个例子就是说，我们要从顾客的角度去认识他的需求。

研究用户需求是做单的基础，一个人如果研究好这个就容易做好销售，一个公司则要把研究用户需求当成销售的一个规定动作。当关注用户需求从销售动作变成公司人员自觉的行为习惯时，创造性的工作方法就可能会出现。比如，华为有一个用户服务人员去安装设备时，详细勘察了机房里的设备，据此可以推断用户未来一段时间的需求。如此一来，知道客户关注用户数就准备扩容方案，知道客户关注降低成本就推销降成本方案，知道客户想创新就推新业务，销售就更有针对性。

"索尼的产品需要有功能价值和情感价值。"带领索尼走出困境、创利润历史新高的索尼 CEO 平井一夫说，"如今的商品化世界，任何人都可以提供产品的功能价值，但情感价值，这是自 71 年前索尼成立之日起就独有的设计哲学和索尼 DNA 的一部分。有段时间我们有些失去了这部分价值，而我的工作就是重振我们在提供情感价值方面的自豪感。"显然情感价值也是一种价值，平井一夫将索尼的产品向这个方向引导，并取得了一定的成功。

深刻理解、抓住用户需求绝非易事，要用心琢磨才可能会有一点收获。商业培训是一个规模极小的行业，这个行业的用户需求不容易说清楚。由于课程缺少标准，用户往往在课程交付之后才知道其真实的质量，也就是说这是一个后验性行业。另外，有的用户为了培训需要脱产，隐性成本极高。

为了解决这种复杂的需求匹配问题，商业培训普遍采用公开课导流、吸引公司采购内训的方案。公司交人头费参加公开课，听课之后觉得合适，就请培训师给公司更多的人做内训。

一个培训师说，有一次他的公开课只有来自不同公司的 15 个人报名，损失几万块钱已成定局，在这种情况下，应该怎么办？

　　培训师分析了这 15 个人的情况，认为只有两家公司有可能引进内训课程，于是他花了两天时间详细研究了这两家公司的情况和行业的情况，然后设想、推演了学员们的问题和需求，并在公开课设计上兼顾这些需求。公开课之后，这两家公司都采购了他的内训课，最终产生了几十万的订单。

　　这个培训师如果不做这些深入而详细的挖掘，只是常规讲课，很可能就不会有后续的收获。

　　星巴克创始人霍华德·舒尔茨（Howard Schultz）在其自传中写道："能品尝出咖啡豆差异的人只有不到 10%，但这不妨碍普通人也想喝更好的咖啡。"

　　同理，糖果公司会雇用对味道的感觉明显高于常人的人作为品尝师去研制配方，一流的手机公司都找专业摄影师帮助它们优化手机摄像头以保证拍照质量。

　　普通人尽管体会不到产品的差异，可是他们是会受专业人士影响的。例如，我们其实不会觉得用某款手机拍照效果更好，而是觉得用每一款手机拍照效果都差不多。但如果有人告诉我们用好的手机拍照和差的到底区别在哪里，就会影响我们的购买决策。

　　理解行业用户需求的能力就是主要的行业经验。几个顾客进了手机店，有经验的店员能够大致判断出谁是有可能买手机的，谁只是逛逛而已，这样推销起来就有重点。接着，店员会和顾客沟通，几句话下来，就能判断出顾客到底关注手机的哪些方面。

以前有个出租车司机月收入远高于其他出租车司机，微软还请他去讲过课。为什么呢？因为他很有经验。他非常注意观察，对哪里及什么时间有客人比其他司机了解得更深入，他还能根据路边打车的人的行囊之类判断客人的目的地的远近等。

生意人最重要的素质就是对需求有敏锐的嗅觉，抓住小需求可以做成小生意，抓住大需求可能成就大事业。

第二节　判断创新产品的价值

对用户有价值是促成用户购买的第一要素。判断一件产品对用户到底有没有价值，这种价值能不能盖过竞品的价值，并不是一件容易的事情。

对创新产品和成熟产品的价值判断是两种不同的思路，中国各行各业都有各种各样的创新，许多创新并没有价值，及时判断创新产品是否有价值非常重要。

创新产品，是否是目标顾客需要的并未得到验证，所以要找场景推销，培育用户需求和习惯。而成熟产品是被证实已经有需求的产品，用户会在许多细微之处比较各家产品的优劣，用户需求匹配度最高的产品会越卖越旺，匹配度不太高的产品的销量则会萎缩。

全新的产品做出来之后，进入销售阶段，接受市场检验，及时确认产品对用户的价值，这一步是极为重要的，错判产品价值会导致企业战略的失败。

对于创新的类型，有很多种划分方式。我认为创新最重要的两个维度是探索需求类的创新和技术突破类的创新，按照这两个变量把创新划分为四种类型，如下图所示：

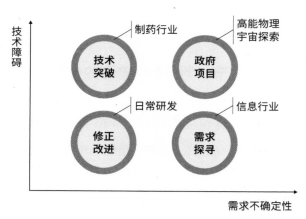

创新的类型

大多数的创新是需求探索类创新，信息相关行业创新、商业模式创新面临的主要问题是需求不确定性。制药行业每种药物针对的疾病是确定的，也就是说需求是确定的，但技术能否实现则是难点。

业界并没有发明一个用来判断需求真伪的方法论。1995年，高德纳咨询公司（Gartner Group）发明了被称为"炒作曲线"（也被叫作"产品成熟度曲线"）的工具来衡量各种创新产品的成熟度阶段。高德纳是一家信息技术研究和分析公司，它每年发布一次炒作曲线，被业界广泛知晓。网络上有很多关于炒作曲线的资料，在此就不多介绍了。

美国墨西哥大学传播系教授埃弗雷特·M. 罗杰斯（Everett M. Rogers）系统地研究了创新扩散的规律，他于1962年出版了《创新的扩散》一书。罗杰斯在本书中进行了严谨的研究，但他的理论对于衡量一项创新是否成功的作用仍然不大。

我在研究了一些创新成功和失败的案例后，总结出了新产品从推向市场到被确认价值所需要经历的五个步骤：

1. 概念炒作。 在持续激烈竞争的情况下，市场已经充分发育，明显赚钱、明显有需求的机会是不存在的，每个机会基本上都以炒作开头。20年前炒作通信，前些年炒作移动互联网、团购、O2O、共享经，最近又炒作新零售、人工智能等，各种炒作层出不穷。

2. 多样性探索。 概念炒热之后，市场进入者会蜂拥而上，探索各种应用方向。团购概念被炒热之后，成千上万的商家会探索各种商品品类的团购；大数据概念被炒热之后，人们会探索大数据在各种情况下的应用；共享经济概念被炒热后，许多公司会尝试各种物件的共享，如自行车、充电宝、雨伞等。

3. **购买**。总有一些激进的消费者愿意购买新产品或服务。按照罗杰斯多年前提出的创新扩散规律，这部分消费者被称为创新采用者和早期采用者，他们占消费者总人口的比例大约为16%。完全卖不出去的创新产品是极少的。这类消费者的存在对创新产品来说是好事，没有他们，创新产品就无法形成实际的交易。但另一方面，这也是坏事，从被激进的消费者购买到市场真正确认一项创新产品是否有价值，这段路远比人们估计的要长，成功率也远比预期的低。许多创新产品有少量顾客采购，厂商误认为今后会发达，就长年坚持在一个没有希望的路途上，只能过苦日子。

4. **使用**。当今是金钱和物质丰裕的时代，许多人买了许多东西却从不使用。很多"剁手党"在网络上给小孩买了衣服后就放在衣柜里，等小孩大了才发现许多衣服一次都没有穿过。一定要记住，**让用户使用要比让其购买困难许多**。互联网的免费模式说明了一个很坚固的商业原理，即有人用就有价值，只要有足量的人用，总能开发出其商业价值。在互联网行业这叫变现。

许多商品长期有人购买，但使用率很低，这就不容易形成大市场。

5. 二次购买。一种商品可否给用户带来价值的最终评判标准是二次购买。用户在第一次购买商品时对产品真实情况存在设想的成分，只有使用之后认定了产品的价值并重新购买，或其他人知道已购者的使用信息（形成口碑）后进行购买，产品的价值才真正得到确认。许多生意就像开饭馆一样，开个饭馆总有客人光顾，但只有回头客比较多，并且建立了口碑能吸引新顾客尝试，饭馆的生意才会红火。大多数饭馆都很难赚到钱，原因就是无法让顾客重购，无法建立起口碑吸引新顾客。

一个创新产品跨越了这五个阶段才会变成真正能挣钱的商机，"死"在每个阶段的情况都很多。我们必须要对自己的生意做出冷静、明确的判断，以做出合适的决策。多数人身在其中，自己骗自己是人之常情，总以为再熬下去就会好转，单纯地熬，不能推动产品跨越这五个阶段就是浪费时间。

创新产品有需求的标志是有人购买、有人使用还是有人复购？多数人都回答有人购买。这是不对的，千万不要将有人购买当成产品有需求的信号，因为这是最低的标准，它还不能解决产品的生存问题。

大多数的创新产品获得一部分顾客的购买并不困难。在购买和使用之间有巨大的鸿沟，如果产品无法越过这个鸿沟，那就尽早退出。

谷歌眼镜就是有人买没人用的情况，没有成功跨越使用这个鸿沟，所以谷歌把这个产品砍掉了。

多年前，有人做基于互联网的电视会议系统。由于有一些客户关系，该系统卖出去了一些，但半年后，他就把这个项目停掉了，前后赔了好几百万。我问他为什么停掉，他说卖是能卖，但产品卖出去没有人使用。

很多人都在卖没有使用价值的产品，尤其是卖给一些"有关系"的人，但这绝对是一个陷阱。没人使用，产品就没有生命力。

像旁观者一样看待自己的产品

我给一些公司做大客户营销的培训时，有时会让学员大致估计一下自己现在到底有多少种产品或服务，再大致估计一下只有一个用户以及长期无法拓展新用户的业务占多大的比重。这个数字经常高达60%~70%。很显然，这些业务是没有需求的，应该果断抛弃。

许多产品销路不畅是因为它对用户来说没有价值，但人们得过且过的懒惰天性往往使之不愿意承认这是事实。

华为公司在这方面做得非常好。华为在研发出创新产品后会努力推广一段时间，如果发现该创新产品没有真实需求，就会立刻砍掉，绝不浪费资源和时间。

探索真实用户价值可能会有三种情况：强需求，大力推广；弱需求，观察培育；无需求，直接抛弃。

这三种情况我自己就遇到过多次。1999年，华为公司推广接入服务器，到年底时，各地的需求就起来了，人们上网的需求爆发，运营商就忙着扩容。

2000年左右，华为推广的ATM技术属于弱需求，一直处于"半死不活"的状态，搞了好几年，后来被新技术取代。

2015年秋，华为抢在苹果iPhone 6S之前，发布了一款支持3D Touch的手机，3D Touch就是增加了感受触摸力度的功能，苹果随后发布了iPhone 6S。经过一段时间的用户使用，厂商发现3D Touch这个功能其实没有什么用，后来的产品就取消了这个功能。

销售要想获得滚雪球般的发展，价值是关键。用户用过产品之后，就有了对产品价值的评价，销售的工作在于扩大价值和维持势能。

销售的基本法则就是明天的销售比今天的容易，今天销售出去的产品会给未来的销售铺路，这才证明了产品的价值得到了用户认可。

抛弃没有人用、没有发展潜力的产品绝非易事。在大公司，每种产品和服务都有相应的人员和组织负责。大公司总是有不死不活的组织维持着一个僵尸产品。这种情况，一定要对自己狠一点，维持这种只有个别用户、缺乏价值的产品对于公司是一个亏损点，对于负责这个产品的人来说就是浪费时间和生命。

用户会给你多少次机会

为了确认用户是否认可产品的价值，我们要把产品拿到市场上去销售。销售一段时间之后，如果用户不满意，就会影响销售的持续推进。

很多人主张关起门来把产品打磨到极致再进行销售，也有人认为一边销售一边优化产品更靠谱。

这要看你的目标用户会给你多少次机会。如果做咨询项目，边销售边优化产品更合适，因为目标用户多，边销售边优化会使产品和服务成熟得更快；如果开一家饭馆，就千万不能这么做，因为饭馆的目标客户局限在一个地理范围内，客人尝试过一次不满意后就不会再来，而饭馆也没有什么销售手段重新获取这些不满意的人，所以饭馆经常在开张一两个月内"定生死"。

有个学员问我："中国仪器仪表行业的设计工具是不是都比较落后？"我跟他说，有些行业是厂商和用户共同进化、共同成就的。比如电路设计软件（EDA），国产的功能和性能差一点，就导致没有像样的厂商使用，没有像样的厂商使用，软件设计公司就拿不到一流的需求，就做不出好产品。供需双方联系紧密的产品更容易形成马太效应。

创业公司的营销总结成一句话就是：新公司、新产品的营销不是为了销售额，而是通过销售观察用户需求，改进产品，只有将产品改进得贴合用户需求，才有可能成功。

第三节　放大成熟产品的价值

大多数情况下，销售员推销的并非创新产品，而是成熟产品。

成熟产品的定义就是已经被市场证明有持续购买需求的产品，不管是货真价实的钢材还是根本说不清楚也无法证明功效的保健品，只要有人持续买单，它就是成熟产品。市场有同类卖得好的产品与市场上没有一家卖得好的，就是成熟产品与非成熟产品的区别，就如手机是成熟产品，VR（虚拟现实）眼镜就不是成熟产品一样。

很多人对于如何考核创新产品团队很困惑。华为公司的做法是，市面上有人能做好的产品，那么自己的产品也必须做好，比如手机。要是同类产品没有人能做好，这就不是产品开发团队的问题，比如 AR（增强现实）眼镜。衡量一种产品是否有需求，要看自己，更要看同行。产品成熟的一个最重要的标志就是这种产品已经形成市场，有竞品，而销售就是要与竞争者争夺顾客。

从价值的角度说，在成熟品类上竞争就是要证明你的产品比竞品更有价值。

销售手段匮乏的产品更依赖产品价值

世界上的商品种类非常多，但大部分商品只能靠用户认可的价值本身去传播，没有太多有效的办法进行销售。2016 年，中国餐饮行业年销售额超过 3.5 万亿元，这个巨大的行业没有太多的营销手段，位置、口味、定价是仅有的几个销售要素，这些销售要素都是缄默的，无法、也不需要传播。虽然新饭馆短时间内打折促销能获取第一批顾客，营业员也可以在街上派发传单获得一些顾客，但这些活动不可持续，而且效果一般。

超市中的产品只有品类足够大时，厂家才会掏钱做广告，大多数产品堆积在货架上等着顾客挑选。就像我们看到的一样，超市中的产品主要靠打折促销的方法销售。

近年来中国每年出版 20 万种以上图书，大都通过地面书店和网络销售，而能够销售 10 万册以上的图书没有几种。即使是能够销售 10 万册的畅销书，也往往只有 300 万 ～500 万码洋[1]，根本无法投入成本去做大规模的销售推广，书店能够

---

1 码洋：一本书的原价与册数的乘积，常常因为折扣的原因与实际销售收入（实洋）不符。

做的只是把畅销品种摆在更显眼的位置。

所以，许多产品的销售主要存在于制造产品的过程中，如果制造的产品缺乏顾客认可度，产品就沉没了。

骑驴找马胜过冥思苦想

有些品种的产品价值是在销售的过程中被发现的。有一句俗语叫"骑驴找马"，不要太依靠想象力和聪明才智去确认产品的价值，在行动中发现机会和价值的可能性远大于冥思苦想。

埃隆·马斯克（Elon Musk）在回顾他创造的贝宝（PayPal）时说："创立贝宝最重要的领悟，来自于它的诞生过程。"他还说："我们原先打算用贝宝来提供整合性的金融服务，这是个很大、很复杂的系统。但是每次在跟别人介绍这套系统时，大家都没什么兴趣。等到我们再介绍系统里面有个电子邮件付款的小功能时，所有人都有了兴趣。于是，我们决定把重点放在电子邮件付款上，贝宝果然一炮而红。但是，当初要不是注意到了别人的反应，做出改变，我们或许不会这么成功。所以，搜集回馈很重要，要用它来修正你先前的假设。"

阿里巴巴最初的业务模式是受电话黄页的启发而形成的。马云最开始创业是做电话黄页推销的，后来马云去美国看到了互联网，在雅虎搜索框里输入了 Beer，屏幕弹出来五个结果，马云觉得很神奇。在朋友的怂恿下，马云把他的海博翻译社放到了网络上，当天就接到了 5 封邮件，马云意识到互联网的巨大潜力，萌生了创办互联网公司的念头，他的第一个想法就是想把电话黄页搬到网上。阿里巴巴的 2B 业务到现在也不成功，但阿里巴巴找到了淘宝业务模式，进一步升级到天猫业务模式，为了解决淘宝双方交易的支付信任问题，很快做起了中间担保人角色的支付业务。事实证明，阿里巴巴后来做的这些业务都创造了巨大的价值。

一个公司在开发产品时总会面临是满足用户需求还是按照既定进程开发的问题，二者显然是有矛盾的。销售经理会抱怨研发部门研发的产品在满足用户需求方面做得不好，但研发部门则认为用户提出的需求大部分都是伪需求，不具备普遍性，满足这些需求会耽误产品的研发进度。如何破解这个矛盾？最简单的方法是把产品销售结果作为研发的一个主要考核指标，研发经理就会自动平衡产品开发进度和满足用户需求之间的关系。

华为的产品经理有一大半的时间是在市场上到处跑，因为他们既要推广自己的产品，又要倾听用户需求、改进产品。华为以用户为中心的文化包括许多方面，其中，听取市场反馈并修正产品的思路已经在华为公司成了一种思维惯性。

最大公约数原则

很多公司都在有意无意地做细分市场，期望能够集中火力，有所突破，同时它们也在谋取最大公约数，让自己攻打的细分市场不至于过分狭小。

一个大的产品品类的价值是明显的，但一个细分市场就未必有价值。饮料这个品类当然有价值，一款新的饮料多少也会有用户，问题是用户数量是否够大，是否具有经济价值。

餐饮行业当然有价值，但具体到一个饭馆，能招揽多少客人才是关键，招揽的客人太少，无法覆盖成本，饭馆很快就会关门。

最大公约数原则是一个非常重要却又常被忽略的原则，它指的就是要寻求能够支撑企业的商业模式持续发展的细分市场。

在中国，什么菜馆最多？川菜馆最多。川菜口味好只是一个因素。有人研究过菜系扩散问题，结论是菜系扩散最重要的原因是人口扩散。很长时间里，四川、重庆等地外出打工的人最多。当人口密度达到一定程度，就能养活当地家乡口味的饭馆。川菜有一个鲜明的特点就是辣，在营销上，这是一个核心卖点。当"辣"这个特点被更多的人接受之后，川菜就能够逐渐扩散到非四川籍人群。河南、山东外出打工的人虽然也多，但其家乡菜品缺乏核心卖点，在传播上就相对困难。

深圳的餐饮行业中，通常广东菜系的饭馆更容易成功，早茶馆、烧腊馆更容易生存，原因就是在深圳，广东人是最大公约数。

有些商品本来很有价值，只是因为识货的人太少，也无法生存。比如土豆粉条有传统工艺生产的和机器压制的两种，前者外观看起来发灰，不美观；后者看上去有光泽，品相很好。但只有传统工艺生产的粉条才筋道好吃，机器生产的粉条很容易炖烂，口感不好。南方很少有人知道这些，所以，超市里传统工艺生产的粉条不好卖，机器压制出来的粉条比传统工艺粉条卖得好。我自己一直买传统工艺生产的粉条，但我发现这种粉条正从一家家超市消失，最后在实体店已经买不到这种粉条，只好到网店购买。

假设我们是粉条厂商，在把我们的粉条摆上超市的货架时，一定要做两件事来传播粉条的价值。第一，要在包装上解释清楚传统工艺生产的粉条好在哪里，这样了解这种产品价值的人就可能会越来越多。第二，最好能告诉超市相关人员，让他们加强推荐。实际上，鲜有厂商做这件事，因此这种粉条在南方地区就无法打开市场。

北方有句俗语叫"肉埋在饭里了"，可以理解为产品没有充分展现出价值。这种情况在商品销售中是非常普遍的。

营销就是放大价值

　　不要机械地把价值理解成有用，而要理解成顾客肯掏钱购买。"在政界，人们的想法就是现实。"前纽约市市长约翰·林赛（John Lindsay）的这句话其实也适合商界。

　　"怕上火，喝王老吉""经常用脑，多喝六个核桃"，这两句广告词分别创造了国内单款饮料年销售 200 亿元和 100 亿元的奇迹。试想，这种饮料在国外是否也会成功呢？显然不能，国外没有"上火"这个说法，人们也不相信食用核桃和补脑之间的关系。王老吉和六个核桃能够成功是因为挖掘到了中国人传统观念的价值，并且用产品将之呈现、放大。

　　许多产品的价值包含主观价值，工业品也不例外。正是因为产品具有主观价值，营销才有空间。营销就是争取顾客的主观意识、强化产品价值的过程。

　　2001 年，华为做出了第一个宽带交换机。由于多种原因，这个系列的产品性能低、价格高，但也能用。我们想出来一个"可运营、可管理"的卖点，自然而然地把竞品归入了不可运营、不可管理的类别。结果这个系列的产品卖得还不错，为后来开发真正有竞争力的产品打下了基础。当我们进入一个新行业或者研制出一种新产品时，我们对顾客是否会认可这个产品没有把握。那应该如何判断并采取行动？较好的方法就是让产品自行销售一段时间，看到旺的趋势再加一把火，投入营销力量，这样火才会烧得更旺。很多公司急于成功，产品一出来就进行疯狂营销，这并不是一个好策略，**把没有自然确认的价值作为基础，去纯粹营销是很困难的。**

恒大集团前几年想借消费升级的趋势，推出一款定价较高的矿泉水——恒大冰泉，并企图用重金打广告，砸开市场，这不是明智的商业策略。在我们无法确认市场是否接受产品价值时，可以选择"让子弹先飞一会儿"。营销要锦上添花，成效才大。

第四节　蓝海找场景，红海找卖点

确认产品价值包括两个方面，新品种的产品、新型服务要看市场是不是能接受；成熟品种的产品则要打败竞争对手，让顾客选择你。这两种情况，我们分别称为蓝海和红海。

各行各业创新非常普遍，蓝海产品很多，销售这种产品关键是通过市场验证，根据验证情况，采取抛弃、观察改进还是饱和攻击的策略。红海产品从品类上是有需求，有顾客认为的价值的，这类产品销售的关键是如何让顾客买你的产品而不是竞争对手的产品。

蓝海找场景

机器人、人工智能、大数据、5G 等各种新技术目标市场广阔，如果有人搞创新，他要想一想自己的产品是在哪个具体的市场应用，人们炒作大而全的概念，买单者则为了解决一个具体的问题。

互联网重新定义了场景这个词，许多的创新者都会想自己的产品到底针对哪个具体的场景，把产品聚焦于特定的客户应用场景，产品设计和推销就容易聚焦，解决了具体问题，就容易让顾客掏钱买单。

一家做人工智能的公司，经过摸索，找到了行为分析这个突破口。首先他们向监狱推广，替代了部分人工对犯人的看管，产品销售终于撬开了一条门缝。前几年，支付宝、微信在推广移动支付时，先在超市收银台、公交车上、零售小卖店推广，一段时间后，人们已经习惯了用手机支付，移动支付方式就扩散到全场景。

即使最终面向广阔应用面的产品，在最初扩散时往往也从小众开始。川菜开始只是四川人爱吃，四川外出打工者遍布全国，川菜馆追随者打工者慢慢扩散到其他群体。

场景化和细分市场的概念很相似，面向一个特定的市场才能耕耘得更深、更细，找到具体而实在的价值用户才能打动对方。

红海找卖点

消费品价格低、用户介入度低、销售手段匮乏时，找到独特的卖点，用广告轰炸非常重要。那些直击要点、能让人记住的广告为商家创造了巨大的利益。

"怕上火，喝王老吉""每天用脑，多喝六个核桃""送礼就送脑白金"、麦当劳的金拱门、奔驰汽车的三星车标都是经典的广告。

许多大牌的快消品，如耐克鞋、可口可乐、宝洁产品都靠长期投放广告支撑销售。

大量不知名的、没有打广告的商品如小区周边的饭馆，如果有一道好菜或者有特色，也是获客之源。面向特定顾客进行深度销售的工业品有卖点时也更容易宣传，更容易被顾客接受。

消费品的卖点经常能创造奇迹，是巨额利润之源。这样的卖点必须非常通俗易懂，直接击中消费者的购买诉求。消费者听到这样的广告需要有一种原本如此的自然感，让他能够非常容易接受。好的卖点就是要发掘出顾客潜意识中的诉求，就像大家开会讨论许久，心里都有一种对卖点共同的感觉，有人总结出一句简洁而准确的话表达这种感觉，大家就会"哇"一声，一下子聚焦到了卖点的关键上。

卖点如此具有价值，一旦挖出来又非常简单。但是，得到它不是一件容易的事，有时要寻觅很多年，找到好的卖点是一个小概率事件。大部分商品都平淡无奇，找不到卖点，只能随波逐流。

帮助企业搞"定位"的营销公司已经存在许多年，这些公司主要在飞机杂志上做广告，因为乘坐飞机的通常都是商务人士、企业老板，他们是定位公司的目标客户。

定位公司给消费品公司交付的核心内容就是一句广告词，收费在几百万到数千万不等。尽管也有一些调研活动，还会有一些营销组合策划、广告呈现等服务，但那些服务不值钱，都是凑工作量的，最核心的就是找到产品卖点，浓缩成一句广告词。定位是否成功主要在于这句广告词能否明显促进销售。

"定位"公司虽然受到一些诟病，也有不少失败案例和槽点，但它的商业模式总体还是合理的。一旦这句广告词或这个形象设计能打动消费者，给厂商带来的利润会非常可观。企业掏钱给自己的产品找定位，比掏钱搞其他管理咨询项目的效果更容易评估和量化。

"怕上火，喝王老吉"是最典型的一个案例，这七个字创造了饮料业的神话，得到这句话比"两句三年得，一吟双泪流"更难。

王老吉是一个老品牌，于清朝道光年间（约 1830 年）由王泽邦（乳名阿吉）所创。能够坚持这么多年，说明这个品牌持久性相当强，但并没有发挥出很大的价值，就像很多老字号销售很有局限性，不温不火。

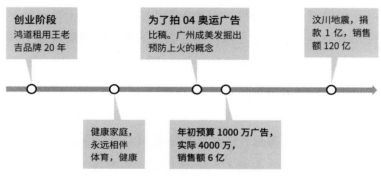

2012 年，王老吉红罐品牌收回到广药集团，销售额高达 260 亿
2018 年，加多宝销售额 75 亿，王老吉上升到 95 亿

王老吉品牌过程

陈鸿道出生于东莞市长安镇，年轻时在家乡做批发生意，但胸怀远大的陈鸿道认为自己应该有更长远的发展，于是，他来到香港成立了公司，并且注意到了王老吉这个品牌，陈鸿道认为，王老吉之所以没有打开广阔的市场，主要是因为营销策略不匹配。

1995 年，陈鸿道以加多宝公司的名义与广药集团（经过历史变迁，王老吉归广药所有）签订商标许可使用合同，取得王老吉凉茶在内地的独家经营权，租金为 300 万元 / 年，期限为 15 年，产品形式为红色易拉罐装，而广药集团仍生产绿色包装的王老吉凉茶。

　　陈鸿道也没有找到很好的办法销售王老吉，到 2001 年时，销售额近 1 亿元，2002 年投放了一些主打运动、健康方面的广告，效果一般，销售额达到了 1.8 亿。2002 年底，加多宝公司为了赶上 2004 年雅典奥运会做广告，找了几家广告公司比稿，其中包括广州成美顾问公司。成美公司认为运动、健康不是一个很好的定位。

　　王老吉当时主要在广东、浙江、湖南一带销售。成美公司调研发现广东的消费者饮用红罐王老吉主要在烧烤、登山等场合。其原因不外乎"吃烧烤容易上火，喝一罐先预防一下""可能会上火，但这时候没有必要吃牛黄解毒片"。

　　在浙南，饮用场合主要集中在"外出就餐、聚会、家庭"。在对当地饮食文化的了解过程中，研究人员发现：该地区消费者对于"上火"的担忧比广东有过之而无不及，如消费者座谈会桌上的话梅蜜饯、可口可乐都被说成了"会上火"的危险品而无人问津。

　　经过讨论，成美公司想出了那价值连城的七个字，然后拍摄了"怕上火，喝王老吉"的广告片。2003 年，本来预计投放 1000 万的广告，由于效果太好，不断追加广告费，最后投放了 4000 万，王老吉红罐凉茶的销售额一下子蹿升到了 6 个亿，到 2007 年，王老吉的销售额达到了 50 亿。

　　2008 年，5·12 汶川大地震，王老吉第一时间捐款 1 个亿，"要捐就捐一个亿，要喝就喝王老吉"一下子打开了全国市场，销售额蹿升了 105 亿，成了畅销全国的明星饮料。

人们已经熟知卖点对消费品的重要性，在实际生意中冥思苦想、寻遍世界找卖点的企业却不多见。掏钱找定位找卖点是一条途径，自己琢磨也是一条途径。

"六个核桃"则是一个在销售过程中，自己不断寻找卖点获得成功的典型案例。

河北养元公司原来是衡水电业局下属的一家小企业，成立于 1997 年。2005 年前的养元，是一家做低端产品的杂牌企业，涉及碳酸饮料、果汁饮料、乳饮料、茶饮料、核桃乳饮料等十几个品种的几十个单品。尽管有这么多产品，却没有一个能代表其品牌的拳头产品，而且产品线混乱不堪，分不清哪个是主线产品，哪个是开拓型产品。

2004 年，以姚奎章为首的经营团队以 309.49 万元对原属于衡水老白干的元源饮品进行私有化收购。元源原来有 90 个人，姚奎章动员了 57 人成为新公司股东，他们把公司名字改成"河北养元智汇饮品"。于是，来自衡水老白干的一帮卖酒的人开始改卖饮料了，而这也成了养元公司的转折点。从公司名字可以推测姚奎章他们是想利用民间认为核桃补脑这个思想的。

在销售的过程中，核桃乳相对好卖一点，但顾客总是问到底里面有多少核桃，姚奎章是个能人，据说他花了 3 个月，走访了百余家商铺，发现牛奶、矿泉水琳琅满目，唯独核桃乳默默无闻。

姚奎章还发现，其他品牌都主打食补养颜。他想做差异化的"健脑益智"，于是大刀阔斧地缩减了公司其他品类，开始集中火力生产核桃乳。

至于六个核桃名称的来源，传言是在一次会议上，一位部门经理无意中念叨"一个核桃、两个核桃……"

当读到"六个核桃"时，姚奎章突然有了灵感，"六"在中国代表吉利，而且中医认为每天吃六个核桃能补脑益智，所以姚奎章决定"那就叫'六个核桃'"。

有时候，一个成功的商标，就可以改变企业的命运。

一开始姚奎章的目标仅仅是以衡水为中心，方圆300公里为半径，面向河北及周边100多个县级市场。没想到，2006年仅仅是衡水附近的三个地市就卖了3000多万，这让姚奎章尝到了甜头。

2010年8月，六个核桃斥资请知名主持人陈鲁豫做代言人，还精准地以学生、脑力劳动者等常用脑人群为目标受众。而后，他又花重金在电视台播出了"经常用脑，多喝六个核桃"的30秒广告。重磅级的广告也收到了重磅级的效果，六个核桃就像风一样，迅速吹向了全国。2010年一年，六个核桃销售额就达到15亿！要知道，前一年，也就是2009年，它的销售额只有10亿，广告效果如此明显。

　　2016 年，姚奎章更是砸出了 10 个亿的广告费。公开信息显示，"六个核桃"相继冠名了《挑战不可能》《最强大脑》和《好好学吧》等益智类节目。

　　2018 年 2 月，养元饮品在 A 股成功上市，六个核桃的销售额在 2014 年到 2018 年，平均年销售额 80 多亿。

工业品的卖点

　　华为工业品销售的基本组织结构由客户经理、产品经理、服务经理组成。客户经理主要负责客户关系、项目组织，是销售主流程的执行者和组织者。产品经理在华为叫行销部，按照较粗的产品分类，有不同的行销部，如移动产品行销部、数据通信行销部、传输行销部等。服务经理主要负责售后服务，保证客户满意度，近年来，也做一些服务销售工作。

　　华为最有特色的部门是产品行销部，是模仿同行售前支持部建立的部门。通过精细化的运作，行销部的作用远远超越同行，对新产品销售作用极大。

　　复杂技术设备销售需要给目标客户面对面讲解产品、招投标时也要写投标书、进行产品技术澄清等，长期的必要工作会分化成一个工种，设置售前技术支持部门就成了一个行业惯例。

　　华为模仿同行建立的产品行销部其中一个主要职能是包

装产品，进行技术交流。

新产品上市时，研发部门会出一套 PPT 介绍产品的特性，经过行销部美化后，逐渐形成一套"主打胶片"，用于和客户做技术交流。

华为公司的 PPT 之所以叫"胶片"，是因为电脑投影仪尚未流行的 90 年代初，华为就把材料复制到幻灯机胶片上，销售员提着幻灯机与用户交流产品。"一定要用最好的手段展示产品"是华为默默遵守的一条规则。

每年春节前，华为都会自发地出一两部"华为时代"剪辑拼凑的自黑、搞笑视频片。2016 年的华为时代上面有这样一个情节：

一线销售 marketing 人员求助公司，说产品没有竞争力，打不过竞争对手。领导与这位 marketing 对话：

> "产品你包装了吗？"
> "必须的，但友商方案有明显优势。"
> "你没说友商的方案是包装的吗？"
> "我说了，但是客户不信。"
> "那是你客户关系不到位。"
> "方案没有绝对优势，这才是问题的关键。"
> "所以才叫你去包装啊。"

虽然是搞笑、自黑视频，真实华为销售也是如此。产品推广人员要包装产品，在实际的交流中，洞察用户关心的点，找到像"怕上火，喝王老吉"这样的核心卖点，围绕着核心卖点宣传。

2001 年是中国的宽带元年，华为此前的核心产品就是电话交换机，被称作窄带。在宽带之前，是通过电话线加上一个调制解调器拨号上网的，计费、管理等与电话设备相似。宽带用什么样的管理、计费尚无定论，在技术实现上，有好几种选择，市场还未通过自然选择给出答案。2001 年的宽带有点像 2019 年的 5G，被舆论热炒，却面临很多实际问题。

2001 年，华为用于固定电话的程控交换机已经成为主流名牌产品，但华为明白停留在此就只有等死一条路。为了生存和发展，必须进入新技术领域。方向有两个：无线通信和宽带通信。

宽带和无线对华为是全新的领域，却盘踞着实力雄厚的大厂商。摩托罗拉、爱立信、诺基亚等占据移动网络高地，思科在数据通信领域的垄断地位无人能撼动。

技术需要积累，产品需要爬坡。华为做出来的第一款宽带交换机成本比竞争对手高三四倍，性能只是对手的三四分之一。

这样的产品怎么卖？

我在部门给大家做动员，说："公司给我们发钱，我们就是要向客户解释清楚为什么一个低性能的产品应该卖高价。"

当时，思科的产品虽然性能好，价格、品牌都比华为有优势，但它的产品主要客户是企业局域网，企业自己用的网络不涉及如何计费，不涉及大型网络的运营问题。运营商也不知道宽带采用什么样的计费策略，如何运营宽带网络。

混乱时代，宣传的作用就是关键作用。

我们反复讨论华为宽带交换机应该怎么卖，找卖点、搞包装。不知道谁发明了一句"可运营，可管理"的卖点，当时没有觉得有多惊艳，就像"六个核桃"商标的发明过程已模糊了一样。我们和用户交流时，提到"可运营，可管理"这个点，用户特别认可。

后来，我们就把"可运营，可管理"作为核心卖点，为支撑这个核心卖点，我们总结了七大特性，这是华为宽带交换机主打胶片的骨架。

这六个字让华为蹩脚的宽带交换机卖出去不少，给了研发人员极大的信心，销售额快速增长，华为的宽带产品就成长起来了。

华为每个主要产品都有能打动用户的核心卖点，洞察需求、包装卖点已经成为华为销售体系的习惯。公司有主攻方向，产品线全覆盖，产品有卖点。再用多种方法创造用户接触点，有卖点的产品最初可以让倾向购买你的产品的用户找到合适的理由，进而会影响一些中立用户，当卖点形成一种强大势能之后，卖点就成了标准。从手机的材质到双摄，再到工业品，都遵从类似的传播法则。要想让传播法则为你创造价值，就要许多人有卖点意识，预设卖点，在销售中交流、洞察卖点，发现真正能打动客户卖点的那一刻，距离成功就很近了。

第五节　96分的产品观

我考大学那一年，全国高校招生47万人，占当年考生数量的比例还不到2%。现在，每年高考录取700万~800万人，占考生数量的近50%。

看了这个数据，或许你会很自然地觉得现在高考太容易了。但实际情况与根据数字做出的判断完全不同。现在的学生从初中开始，要比我读书的那个年代投入更多时间学习，要更艰苦。大多数中学生奋勇"刷"题，几乎没有一点儿空闲。

为什么录取率变高了，学习却更费劲了呢？我以深圳中考作为样本，来具体讨论这个问题。

在深圳，普通高中的总录取率大约是50%。中考是高考的上一道工序，要想高考考上一个好学校，中考能否考入一个名校是很关键的。深圳的高中有"四大"（指深圳四所知名高中，即深圳外国语学校、深圳中学、深圳实验学校和深圳市高级中学）和"八大"（在前述四所学校的基础上加上深圳红岭中学、深圳育才中学、深圳罗湖翠园中学和深圳宝安中学）的说法，这些学校的高考本科一本录取率分别在90%和80%左右，其余学校的学生考上一本就比较困难。因此，深圳中考考生之间竞争并非是为考上高中这么简单，而是要考上知名高中，这推及全国也是一样的。

2016年，深圳市公办普通高中总录取率为48.33%。其中"四大"总录取率为5.47%，"八大"总录取率为10.58%。以前，我每科考到80～90分，总成绩就很好了，就可以上不错的学校，现在完全不是这样。深圳中考的总分是460分，语文、数学、英语各100分，物理、化学加起来100分，体育和历史加起来是60分，能考到450分以上的学生极少，全深圳也不到20人，大量的高分都位于430～450分这个区间，每个分数档都有很多人。

2015年和2016年，深圳排名前两名的高中的录取分数线都是439分；排名第三、第四的高中录取线也要437分。如果刚刚压线的话，还要再比不算入正分的地理和生物两门课程的分数，这两科要达到97分才行。也就是说，一个考生如果得分率是95%，最终总分是437分，能不能上"四大"还要看地理和生物成绩能否接近满分；如果得分率是96%，总分会达到441分，才能确保上"四大"。而我们知道，语文这门课得90分是很困难的，那么给其他六个科目留下的扣分空间就只有 10 分，因此，有一点失误就不行了。

要想达到 96% 的得分率，对任何人来说都不轻松。为了做到零失误，学生们必须反复训练、不断"刷"题，不能遗漏任何细节。一门科目搞懂了，考 80 多分甚至 90 分都不难，但要想考 96 分则非常困难。这就像体育运动员想通过训练提高成绩，开始训练时并不困难，成绩提高幅度也比较大，到接近极限时再提高成绩就非常难了。

为什么现在中考、高考录取率提高了这么多，升学反而变得更困难？因为学生变成了得分机器，投入全部精力进行得分训练。30 年前录取率虽然低，但大家投入没有今天疯狂，相对要轻松一些。各行各业都是如此这般。

现在的钱比过去多得多，那么现在做生意比过去更容易吗？未必！现在商家要想靠胆大、信息不对称和倒买倒卖赚钱，比过去更难。

在产品稀缺的时代，做出来的产品容易销售。现在是产品极大丰富的时代，就算产品做得挺好，打开销路也是很困难的。过去商场搞特价促销，东西很容易卖掉，现在到处都是促销可能也不会出现顾客盈门的场面。相比过去，现在的人们对商业手法更熟悉，"一招鲜"的手法已经不足以"吃遍天"了。

"现代营销之父"菲利普·科特勒曾说，如果大家都用《营销管理》中的办法搞营销，就没有效果了。道理就是这样的，商业和考试一样，绝对的好坏不重要，重要的是相对竞争对手的优劣。

消费者是怎么给产品扣分的

在 96 分的时代，厂商如果还停留在 80 分就可以的产品观上，必败无疑。

60 分的产品观是能用就行；80 分的产品观是看起来不错，基本没有质量问题；96 分的产品观就是要像深圳中考考生那样不断地"刷"题、训练，追求零失误。

市场总是有强大的价格压力，厂商要尽量降低成本，还要能够吸引消费者，倾向于把消费者能够看见的、能够量化的部分做得比较好。小米手机前几年一直重点宣传 CPU（中央处理器）数值，就是这种做法。同时，把消费者看不见的、不知晓的元器件的成本尽量降低，这是 80 分的产品观。

现在的市场因经济的发展而扩大了很多倍，潜在生产力扩大得更多。大量的产品一起涌入市场，但能生存下来的只是一小部分。

试卷答案与标准答案不一致就会被扣分，产品体验一旦达不到预期，消费者就会觉得上当了。消费者不会因为自己花钱少而容忍产品缺点，而是在掏钱购买之后，即使贵也不会再抱怨，甚至还会为这种贵辩护，典型的就是"一分钱一分货"的思维。消费者不会因为东西贵而愤怒，但是会因为有上当的感觉表现出愤怒。我们也可以想想自己和周边人的购物经验，是不是这样？但是，这个道理却很少有人知道，更没有人说破。

《乔布斯传》里讲了一个故事：乔布斯的养父在扎篱笆时，即使是人们看不见的部分也做得规整、仔细、认真。在养父的影响下，乔布斯后来做电脑也很注意线路板布线的美学标准，虽然消费者看不见也不在意。

由于乔布斯的行事方式，"追求极致"成了一句商业口号。但很少有人理解追求极致是怎样影响消费者的选择的，尤其是在消费者看不见、摸不着、说不出的部分。在还没有几个人理解消费者为何产生了不满意而对产品扣分的时候，市场已经悄悄地发生了变化。

华为一直很重视产品质量，坚持不用品质差的元器件，暗合了消费者的购买规律，所以其产品的扣分项就越来越少。我在用荣耀7手机的时候，有一次在深圳湾跑步，发现这款手机没有很好地记录我的运动轨迹，于是将这个问题发到了朋友圈，华为终端手机产品线总裁何刚看到后转给了有关人员，我立即接到了他们的电话。第二天我一上班，他们就来我这里拿走了手机去分析。正是靠这种点滴的积累，华为手机的产品质量慢慢提升了，产品观从80分变成了96分。

当然，质量不代表一切。很多技术简单、工业化程度高的产品质量都比较容易保证，如饮料、洗衣粉等产品，从质量的角度来说都能得 96 分。在这种情况下，顾客会先入为主，选择熟悉的产品，如果厂商不开辟新的品类，很难进入市场，就像做可乐型饮料的厂商已经无法从可口可乐和百事可乐口中夺食一样。

选择方向的不同决定了努力学习的重点不同，方向是关键门槛。质量是送分题，必须确保满分，在 96 分产品观时代，错一小题扣 2 分是要命的。销售的控制能力是拉开差距的应用题，一旦做错就很难在市场上得高分了。

消费升级

现在中国每年的人均 GDP（国内生产总值）都在上升，人均收入不断增加。发达国家的经验证明：收入高，消费必然也高。无论是经济好的国家还是经济差的国家，总体上收入和开销之间都是平衡的，这是消费升级最坚实的逻辑。而消费升级会让人们在消费上的支出增加。

品质升级和品种增加是消费支出增加的主要途径。比如买汽车的人越来越多，显然支出会增加许多。十几年前的低价空调只要 1000 多元，为了节省成本，室外机做得很小，现在空调基本上价格都在 3000 元左右，室外机比过去大许多，用料更多，质量更可靠，这是品质升级。又比如街头小馆、大排档生意不再红火，客流已经迁移到了大型购物中心的餐厅里，这也是品质升级。

　　伴随着收入提高，生产要素的价格不断变化，人工含量高的行业在消费升级大潮中自然会涨价，如家政、理发等服务性行业。通常涨价都要伴随品质提升，否则会被不断提高要求的消费者抛弃。前些年，经济型酒店蓬勃发展，通常住1天只要200多元。由于近几年工资水平不断提高，而人工成本在酒店成本中占很大一部分，这些酒店只能涨价，但单纯涨价而不提升服务，消费者是不容易接受的，因此中档商务酒店就成了近年来酒店业发展最快的类型。同样，个体商户通常也会借助重新装修、增加一点服务项目或者提升舒适度来涨价。

第九章

信 息 是 手 段

不管是什么形式的销售，网络销售、实体店销售、打项目、直播销售等，本质都是信息传播。

销售的各个环节也是为了传播信息，消费品做广告、华为用"一五一工程"搞项目，每个环节都在传播信息，影响目标客户的看法，客户知晓了信息，确认了信息，距离成交就很近了。

信息传播的方式多种多样，如何传播信息才有效是销售的关键所在。

第一节　信息的三个特征值

雷军说，零售其实就是信息流、资金流和货物流。销售的主要功能是制造并传播信息。

上一章说过，用户购买不同的产品，对产品介入的程度是不同的，高介入度的产品，用户需要较多的信息量才能做出购买决策，而低介入度的产品仅仅是摆在货架上就能销售。商家传播产品信息的多寡常常决定了销售能否成功。我们把信息量以及信息的影响力称为信息强度。

信息传播的方式多种多样，人们却未深入分析过不同方式之间的差别。为了销售，谋求合适的方式来传播信息是很重要的。

许多产品都要打广告。怎样打广告？广告附着在哪些内容上能让消费者更容易接受？广告和推销大多数都令人讨厌，因为广告和推销的不少受众根本就不需要厂商的产品。那么如何才能让信息尽量多地传播给有需要的消费者？这就需要我们了解信息的相关特征。

信息的强度

阿里巴巴早期搞地推时，有位老板答应阿里巴巴的地推人员签单 1 年，条件是以后不要再来打扰他。客户经理喜出望外，但他也很冷静，他告诉对方要签单 2 年才行。结果对方真的把单签了。

在大客户营销中有一条原则叫作敢于成交。别觉得这是废话，敢于成交在交易中非常重要。比如销售者报出一个比较高的价格时，往往自己心里会打鼓：如果这个价格报出去把客户吓跑，客户把我轰出门怎么办？做生意敢于成交，就像追求爱人敢于表白一样重要和困难。

许多人做生意只是天天倒腾彩页、材料，就是不去拜访客户。还有一种相反的情况是销售员有拜访客户的勇气，却没有基本的材料，甚至说不清推销的产品有哪些特点，就是整天黏客户。很显然，这两种情况都不利于促成交易。

《战国策》中有个故事：从前，曾子住在费县，费县有一个与曾子同名同姓的人杀了人。有人告诉正在家中织布的曾母："曾参杀人了。"曾母说："我的儿子不会杀人。"她继续织布。一会儿，另一个人跑来说："曾参杀人了。"曾母还是埋头织布。很快又有一个人告诉她："曾参杀人了。"曾母终于害怕了，丢下梭子翻墙逃跑。曾母一开始处于拒绝状态，中间逐渐认同，最后被累积的信息说服而逃走。成语"三人成虎"也是这个意思。

有一种说法认为，广告打 500 遍是废话，重复 100 次就是真理。这就是信息通过不断重复增加强度，最终让听众"投降"的例子。

对于人人都需要的低介入度产品而言，广告的作用是巨大的。倘若是用户明确的高介入度产品，仅靠重复简单的广告就能促成交易吗？"怕上火喝王老吉"也许会让顾客去买王老吉，"品质改变世界，三一重工"恐怕无法促成建筑商去买工程机械，毕竟工程机械那么贵，一句话重复一万遍也无法促成交易。

常看财经类图书的人会有一个明显的感觉，那就是基本上一本书 20 万字左右，其实是在变换各种"姿势"重复一句话，这句话通常就是书的名字，《定位》《长尾理论》《世界是平的》《免费》等都是这种类型。为什么一句话、最多一篇文章就能说明白的道理非要写成一本书呢？毕竟消费者不会持续为没有价值的废话买单。有些知识付费网站为了让用户在有限的时间多读一些书，就会做摘要，把一本书浓缩成一篇几千字的文章。效果如何呢？其实不行，图书内容浓缩了，读者的印象就不深刻了。譬如，我告诉你"定位"这个观念，并简单地解释几句话所产生的效果，肯定不及你详细地读《定位》这本书的效果好。

厂商在推广产品时也要遵从这个原理，增加信息的强度是很重要的。厂商进行花样繁多的沟通，不过是为了证明自己的产品好而已。为了证明产品好，就要准备丰富的材料，就像传播一个商业理念时，出一本书要比写一篇文章有效一样。

所以，信息是有强度的，尽量增加强度是传播信息的一个要旨。

信息的表达方式

人与人之间最原始、最符合本性的信息沟通方式就是面谈。信息技术丰富了交流的方式，移动电话发明于 1973 年，手机短信发明于 1992 年，中国移动大规模开展短信业务是在 2000 年。

2000 年，腾讯 QQ 上线。2003 年，腾讯将 QQ 移植到手机上。2011 年年末，微信上线。现在微信成为人们一种主要的沟通方式。通常情况下，如果信息不是特别复杂，双方宁愿在微信上你来我往打字，尽管这样效率较低。

那么，为什么人们会在不同的情况下选择不同的方式沟通交流？

华为的愿景标语是"丰富人们的沟通和生活"，但在国内真正实现这一点的则是腾讯的各种社交应用。华为解决了人们的基础通信问题，也从中获益许多，腾讯则因为丰富了人们的沟通方式获得了巨大的回报，而且衍生服务更多，想象空间更大。

在面对面的沟通中，人们也会选择各种各样的方式。在办公室聊和在饭桌上聊是不同的，正式的宣讲和私下一对一的交流也不一样。

即使是说同样的话，语气不同，情境不同，有时效果差别也很大。因为语言是人类社会发展晚期才进化出来的，在语言出现之前人们就用其他各种方式沟通信息，越是原始的本能，越具有恒久的力量。

推销员推销产品总是想见用户，而且想见职位高的用户。为什么销售员一定想面见用户，而不是发一封邮件、一条短信或者电话沟通一下呢？用户为什么用各种方式拒绝见推销员？这里面都有深刻的生物学原因，也许人们还没有明确意识到。

1900年，一个美国人一天中有四个小时的时间用在当面交流上，有两个小时的时间用在阅读印刷物（书籍、报纸和杂志）上。

而到了2010年，人们每天当面交流的时间大概只有一个小时，阅读印刷物的时间可能也只剩下半个小时。大多数人把时间花在互联网和看电视上。

手机应用流行起来之后，人们无时无刻不在看手机，整块的时间被零碎的信息分割，媒体锁定用户时间的变化即广告价值的变化，所有内容制作者都在争取用户更多的时间。

我们清楚不同的沟通交流方式适用的情况不同，但很少有人系统地琢磨过这个问题。有些事情只有见面谈，谈妥的可能性才大，如果打了一个电话被别人拒绝，那就相当于把路封死了。而如果轻而易举就可以办成的事情，非要组织饭局或其他复杂的仪式，反而会让对方觉得啰唆。

信息强度和信息的表达方式有关，以下是我总结的不同表达方式的信息强度排序：

> 文字广告＜视频广告＜网络上的商品信息＜个人之间的短信＜微信互动＜打电话＜办公室面谈＜正式的宣讲及会议推广＜咖啡馆面谈＜酒桌面谈

从文字广告到酒桌面谈，信息强度逐渐加大。信息强度增加通常也意味着双方信息沟通成本的上升，除了金钱成本还有双方的时间成本以及这种沟通方式所产生的不舒适程度也会增加。

人是社会性动物，自然地创造了各种各样的沟通方式。现代信息技术丰富了信息的传播和交流，如何用好丰富的信息传播方式组合，创造商业价值，是一个很值得挖掘的金矿。

信息的相关性

信息相关性就是由此及彼进行判断和解读信息。

曾国藩驻扎在安庆时，曾有一名湖南老乡前来投靠。此人的外表十分忠厚纯朴，曾国藩见后也认为他是可用之人。在准备委以这个老乡差事前，曾国藩请他吃了一顿饭。席间，这位老乡做了一个小动作，被曾国藩看见了。饭后，曾国藩便给了他一些钱，让他回家。

本来已说好能在军中谋个差事，现在却突然被赶走。这位老乡大惑不解，于是找到曾国藩的表弟，请他向曾国藩询问到底是怎么回事。曾国藩听后，说："某家赤贫，且初作客，去秕而食，宁其素耶！吾恐其见异思迁，故遣之。"意思就是曾国藩认为这个人出身贫苦，又是第一次来做客，却要把米粒外层的壳剥去才吃，可见此人并不像表面那么忠厚纯朴，恐怕以后会见异思迁，不如现在就让他回家。

在日常交往中，栽在这种小细节的事太多了。言者无心，听者有意，一个动作、一个表情、一句话都可能不知不觉把人得罪了，客户就在心中默默地给你一个差评。有经验的销售员一般谨言慎行，就是为了避免被别人给差评。

军事上利用信息相关性推测敌人情况或者迷惑敌人的案例太多了，诸如增兵减灶、暗度陈仓、弹琴退兵、草船借箭等故事。

买卖双方达成一种交易，中间通常充满伪装、欺骗、博弈等因素。有时买方为了拒绝卖方，并不表达他真实的需求，卖方也很少完全和买方说实话，双方你来我往、刺探信息。

在 2B 行业中，优秀的客户经理和采购经理都深谙此道，能从看到的、听到的信息推测出对方的实情是销售和采购的基本功。

在 2C 行业中，信息的相关性也非常重要。

商家做广告，请谁代言、在什么平台上做广告都是很有讲究的。六个核桃在益智类电视节目上做广告，耐克请体育明星代言以塑造专业运动品牌形象，而阿迪达斯欲推动运动时尚化的潮流，所以会请年轻的歌手、演员代言产品。

大数据就是以研究相关性为由头，用相关的信息推断用户需求，让广告营销更精准。现实中其实不用那么多技术，人们头脑中的小数据只要有相关性的概念就可以捕捉到很多信息。比如有经验的销售员能根据蛛丝马迹、只言片语判断用户的真实想法，会做生意的老板逛逛门店就可以发现一些关键问题。

改革开放初期，港台商人回内地投资，最怕国家政策生变。霍英东投资建设了广州白天鹅宾馆，他说："当时投资内地，就怕政策突变。那一年，首都机场出现了一幅体现少数民族节庆场面的壁画（指北京新机场落成时的大型壁画《泼水节——生命的赞歌》，作者为画家袁运生），其中三个少女是裸体的，这在国内引起了很大争论。我每次到北京都要先看看这幅画还在不在，如果在，我的心就比较踏实。"霍英东从壁画推测出相关政策的走向，正是利用了信息的相关性特点。

第二节　商品成交所需的信息量

商品和顾客之间要通过信息连接起来，销售所做的一切工作都是围绕制造和传播信息进行的。

传播信息有多种方法，这些方法组合起来就构成了销售的多样性。近 20 年来，销售行业最为突出的变化是受到互联网的巨大影响。从图书开始，互联网销售席卷了零售行业绝大多数品类的商品。2016 年，全球广告行业市场空间为 5000 多亿美元，其中互联网广告收入已经超过电视广告，占全球广告支出的三分之一，并且互联网广告仍然以每年近 30% 的速度增长。

使用互联网广告和利用互联网进行销售仍然是创新的热点，但大多都是试错。尚无一种有影响力的方法论能够评估互联网销售和传播的预期效果，但是许多品类的商品仍然在尝试用互联网进行销售。

百货商店之父约翰·沃纳梅克（John Wanamaker）说过："我知道我的广告浪费了一半，却不知道是哪一半。"有一次，我跟一位广告人说起这个著名的沃纳梅克之谜，我认为随着传播方式的多样化，商家在广告上的浪费不是更少了，而是更多了，那位广告人觉得我说得非常正确。

一个人在路边摊买一瓶饮料是因为他熟悉这种饮料，或者他恰好看见一种没有喝过的饮料想要尝试一下，这种成交所需的信息是非常少的。一个大型项目招投标，其间包含各种各样的沟通手段，还有买卖双方、竞争对手之间进行的复杂博弈，显然这种类型的交易需要大量的、深入的信息。

　　人们尝试用各种方式促成交易，却从未明确地意识到要完成一种交易需要的信息量。

　　通常情况下，商品价值越低，交易需要的信息量越少，反之亦然。商品越简单透明，交易需要的信息量越少；商品越复杂，隐藏的特性越多，交易需要的信息量越大。

　　信息量是可以衡量的，衡量的标准就是一种商品从出厂到抵达消费者手中形成的差价。商品的出厂价与消费者购买价格之间的差额，再减去运输成本就是信息成本。销售成本这个词更通用，却不够聚焦于"销售就是传播信息"的本质。无论是利用人员推销还是将商品陈列在货架上，无论是对公销售还是把商品卖给个人，销售中的成本可以看成是传播信息的成本。在百货商店，顾客花 3000 元购买一件衣服，如果这件衣服的出厂价是 1000 元，那么中间的 2000 元差价基本上就是信息成本。2016 年，华为公司在中国区共销售了 2365 亿元的产品与服务，销售机构员工共有 14000 多人，这 14000 多人所有的花费也是信息成本。如果测算更精细一点，14000 多人之中包含 6000 多名设备安装服务人员，他们产生的费用应该从信息成本中剔除。华为手机的销售人员不多，主要通过代理销售，代理产生的费用也是信息成本。商业培训行业讲师得到的钱大约占培训费用的一半，撮合培训的中介机构获得另一半，可以认为这种交易所需要的信息量和内容是等值的。

信息成本的分解

一件商品摆在实体店的货架上是为了能让顾客看到。为了让更多顾客知晓这件商品，许多厂商还要花钱做广告。

超市里销售员的主要作用是帮助顾客找到商品的陈列位置以及回答顾客的其他问题。百货商店服装柜台的营业员通常会热情地向顾客推销。销售方式存在差异的原因是不同商品成交所需信息量存在差异。

销售终端（即产品销售渠道的最末端）的成本结构很清晰，容易计算，因此，我们可以把销售终端的信息成本分解一下。

当然，分解信息成本并不是越细越好，这主要有两个作用：第一，看清各类主要环节的成本，例如，时下正在炒作无人商店，也就是在总成本中剔除人员的成本，这个成本可以算得很清楚，剔除之后到底能产生多大的优势一目了然；第二，分解信息构成，可以让销售者强化关键环节。

2013年，"移动互联网交易将摧毁一切行业"的舆论正盛，华为也在琢磨移动互联网销售到底会不会影响自身的销售模式。为此，我做了一个专题研究。

我的方法就是分解交易环节，计算交易环节的成本构成，并假设移动互联网可以替代其中的人员成本。结果表明，在华为的销售模式中，人员所占的成本比重极低，就算互联网销售完全替代了人员销售，所节约的成本也不足以让购买方感兴趣。因此，我的报告结论是：不用担心移动互联网销售会取代华为销售模式。

有个企业老板对我说，B2B 模式的销售成本太高了，要是能用互联网代替就好了。我简单地测算了一下他的企业的销售成本，然后将成本数据做了一个简单分类，把有可能被互联网替代的部分都算成多余的成本。最终结果是，多余的成本还不到销售额的 5%。很明显，这部分成本并不高，况且，我的计算方法是非常激进的。事实上，很多工作是互联网无法替代的。

那么为什么我们会感觉到信息成本与客观的数据经常有明显的差异呢？从过程来看，B2B 交易的确劳神费力，从接触客户到最终成交，过程漫长，环节非常多，且每个环节都要产生费用。假如每个订单都是长周期，要经过反复的拉锯战，而且成交量小，那么信息成本的确非常高。这种情况常常出现在销售上升三阶段中的苦苦"死磕"阶段，企业销售必须熬过这个阶段才能活得比较好。为了促成交易，有些订单的信息成本非常高。当然也有大量的销售比较容易达成，只有容易的订单越来越多，信息成本才会越来越低。很多销售的改进就是通过局部高成本销售带动尽量多的低成本销售。

临界信息量

烧水差一度，水不会开；铀235达不到临界质量，就不会形成链式反应；交易信息量越不过临界点，交易就不会成功。

产品需要包装，包装除了把产品包上之外，也有传播产品信息的功能。一瓶易拉罐装可乐的包装比一瓶原浆还贵。

把做广告的钱出让给消费者、降低产品的售价，与花重金做广告、把售价提高，是两种不同的销售策略。到底什么策略更好，取决于产品成交需要的信息量。

百货公司一楼的名牌化妆品制造成本还不到售价的5%，但它的销售成本非常高，如果没有这么多的信息量，产品是卖不出去的。

商人都清楚，没有合适的包装，产品就卖不上好价钱，却很少有人联想到产品成交需要的信息量。

互联网在交易中的作用经常被夸大。人们希望互联网可以撮合生意，让赚钱更简单、更容易，却没弄明白互联网提供的信息深度很可能无法让买方做决策，也就是无法达到交易所需的信息量。

有许多人尝试利用微信朋友圈、微博等各种用户自己可以生成内容的互联网平台做生意。有人用好几个微信账号加好友，给数万人发广告推销产品。这种方式有用吗？基本没用。朋友圈的广告无法促成交易，就像零乘任何数的结果还

是零，不管这个数有多大。因为这种方式提供的信息无法达到商品成交所需的信息量。

互联网传播的范围广，让很多人相信了大数法则。这种观念认为，知道产品的人足够多，总会有人购买。

事实并非如此。美国学者罗杰斯把购买者分成五种类型，分别是创新采用者（innovator）、早期采用者（early adopter）、早期大众（early majority）、晚期大众（late majority）和落后采用者（laggard）。他们呈现正态分布，其中创新采用者占比2.5%，早期采用者占比13.5%，从交易信息量的角度上说，促成他们购买所需的信息量是最少的。如果卖方提供的信息连这些目标顾客也不能打动，那就说明根本没有达到临界信息量。

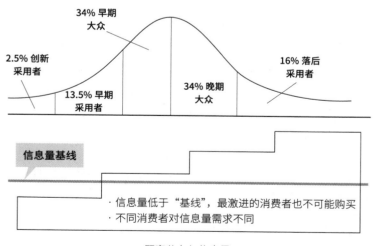

顾客分布与信息量

　　所有的销售都等于流量乘转换率，只要转换率不为零，流量够大就能够促成相当数量的成交。

　　由于有时可以通过炒作获取免费流量，所以炒作营销学在目前相当盛行。从本质上讲，炒作的成功就像彩券中奖，是不可预期、难以操控的小概率事件。

　　从商业逻辑上说，炒作获取的流量也应该计入成本。比如，前几年北京开饭馆的、卖烧饼的都借助"互联网+"炒作。一个区域性很强的烧饼、饭馆搞得好像全天下人都知道，一段时间内门庭若市。但这模式本身是完全无法复制的，从营销规律上说，让"全天下人都知道"本身需要巨大的信息成本，商家没有花费成本，其实是占了全天下人的便宜。没有人能够重复这种方法并获得同样大的免费流量。即使是偶尔促成了炒作，通常也只是一时热闹，流量很快会衰减。

　　销售必须追求可控及可操作逻辑下的成交，也必须追求流量和转换率之间的均衡，转换率太低通常意味着没有达到临界信息量。

　　像汽车这样价格比较昂贵的产品，仅凭一个广告就能打动消费者吗？基本不会。那汽车为什么还要做广告呢？因为让消费者知晓就是为了获取流量，消费者关注产品是其进一步了解产品的起点。导流需要信息，消费者想了解产品时，即时方便地提供信息是促成交易的一个环节。好比一个人吃六个馒头才吃饱，这六个馒头里的每个馒头都发挥了作用。

优质的公司对产品成交所需的信息量总是比别人把握得更准确一些。

20多年前，电视广告、墙体广告就可以促成用户购买。现在，用户对信息的免疫力增强了，就需要更大"剂量"的广告才行。相信很多人都看过"小罐茶，大师造"的电视广告，通常电视广告的时长是5到10秒，小罐茶的这个广告整整有3分钟，比一般电视广告长很多。小罐茶的常规产品，价格从500元到1000元不等，价格不算低，但市场反响大。可以粗略地认为，要想促成这个价格商品的成交，就要用3分钟的广告"剂量"。

除了小罐茶，还有风靡一时的E人E本、噱头十足的8848钛金手机，这些产品有什么共同的特点？那就是这些产品都有一定的奇异性，然后辅以广告轰炸，同时把广告成本加到产品价格里面。这些产品的操盘者都是同一个人——杜国楹，他掌握了这种通过高密度信息量促成交易的方法。

若干年前，电视购物还比较红火，商家一般在电视购物平台上出售新奇的产品，电视购物广告的时间相对比较长，要对产品功能进行细致的介绍、演示，还会有用户现身说法等，广告播放完了，电视购物主持人会敦促观众拨打电话下单。为什么电视购物广告比普通电视广告长这么多的时间？因为它需要促成直接的购买，达不到这个信息量就无法促成交易。

OPPO 和 vivo 是近几年相当成功的手机品牌，它们在营销上都采取了高密度的广告轰炸，辅以高密度的零售店覆盖，并对店员精心地组织销售培训。通过营销组合手段传播产品信息，达到了成交所需的信息"剂量"，两家公司创造了手机行业的销售奇迹。

烧开水的温度是明确的，信息量要多少才达到临界值？这不好说，但可以评估。

评估信息量临界点的方法就是不断地加注信息量，看达到多少才能促成交易。假定小罐茶的商家并不清楚需要多少信息量才能让顾客购买一盒价值 500 元的茶叶，它可以在几个地方或区域试验性地投放广告组合，探索到信息量临界点之后再进行大规模投放。

知名度无法携带商品

"低于 2500，我是你孙子！" 2013 年 8 月 4 日，罗永浩在微博上公开表示锤子不做廉价手机。

2014 年 5 月 20 日，锤子发布了第一款手机，低配定价 3000 元，高配定 3150 元。后来由于销量惨淡，到 2014 年 10 月 27 日，锤子手机宣布大幅降价千元，以最低价 1980 元起销售。

罗永浩知名度高，会制造话题，他有很多粉丝，人们对锤子手机也有很高的关注度。锤子手机刚发布不久，我曾在讲课时问学员们知不知道锤子手机，通常会有 20% 左右的人知道，再问有没有人买过，通常一个也没有。

这是用户很常见的营销陷阱——知道你，是你的粉丝，但是不代表会购买你的产品。移动互联网让购物更方便，卖东西的手段更多，很多人想将自己的名气转换成商品进行变现，但基本上成功的很少。有些粉丝千里迢迢坐飞机去看锤子发布会却不买罗永浩的手机。生产方想的是价值勾连，顾客却分得很清楚。

我越研究营销，就越发现人们的购买行为是合乎逻辑和理性的。人物的知名度能够连带着销售商品，也有名人因为各种原因兜售劣质高价产品。不过研究表明，购买者的行为会默默地限制这种事情的发生。我们每个人都是购买者，购买一件物品可能不会想这么多，但千千万万购买者的行为统计却很符合理性逻辑，这是一种群体智慧。

产品广告找明星代言则是另外一码事，原因有两个。第一，明星在促成交易的信息量中占比很低；第二，明星在接广告时必然考虑到其声誉价值，不愿意给可能有风险的产品代言。但当明星自己做产品之时，由于要背负各种沉重的义务，他就有可能放弃对底线的坚守。消费者不会想这么多，其行为却合乎逻辑。

从信息的角度来说，用户购买商品是很多信息共同导致的决策，比如对商品质量的相信，对品牌象征意义的确认等，一个人如果仅仅是名人的粉丝，不代表他会认可名人代言的商品的价值。

2B 行业所需的信息量

阿里巴巴早期的 B2B 模式到现在也没有成功，主要原因有两个：第一，互联网无法提供 B2B 交易所需的信息量；第二，在大部分 B2B 的交易中，人员所占的成本并不高，即使是全部被取代也无关紧要。

2B 行业销售的竞争，本质上也是增加信息量的竞争。

华为在 2B 行业销售的战略就是制定了一系列流程、方法以增强信息传播，影响购买者决策。在销售中，华为发明的交流种类极其丰富，如技术交流、产品特性交流、商业趋势交流、前沿科技动态交流、会销形式交流、一对一交流等，有很多交流看似与销售产品无关，但会间接地增加用户满意度，也会让成交的概率上升。就像消费品广告语需要千锤百炼一样，华为也会对产品进行多维度的包装，塑造卖点，力图能够打动顾客。

通信设备行业每年有一些展览会，在华为还是小公司时，就尽最大能力参展，利用这个平台展示、推销自己的产品。华为参展绝非仅仅是把产品摆在那里，派几个讲解员现场讲解，而是要进行精心、细致的准备，将许多重要的客户借助参展的名义请到展会现场，一整天都用"人盯人"的方式与客户沟通、交流，为每个重要的客户安排定制化的活动。每次参展，华为的花费尽管巨大，却能有效地进行产品宣贯，在最大程度上影响用户决策。

　　相对于消费品，2B 产品的销售比较复杂，不要把增加信息量理解成没完没了地向用户讲解产品。只有创造足够多的接触点，并让用户觉得这种接触是有必要、有收获的，才是增加信息量。

第十章

信任是目标

信息传播是销售的手段，让顾客相信则是销售的目标，顾客只有相信了你的产品和服务，他才会购买。

销售方销售的是货真价实的、有竞争力的产品，会理所当然地认为顾客应该相信自己的产品，但实际情况却是用户可能更相信你竞争对手的产品。如果你的产品品质更好、口碑更好，你总是倾向于索要更多的钱，或者提出更高的销售目标，这样一来就增加了销售难度，你要想办法去征服那些还在犹豫的顾客。

不同产品获取客户信任的方法不同，低介入度产品需要获取大量客户的轻度信任，就是需要更多的流量；高介入度产品则需要获取少量决策者的深度信任，为了这种信任要做许多深入的工作。任正非曾说，华为经营这么多年不过就是积累了诚信二字，说的就是企业生存的核心要素。

第一节　获取信任

很多人说，人与人之间缺乏信任。尤其是陌生人之间进行交易时，总是充满不信任，甚至是欺骗。进化论中有一种观点认为人类智力就是在欺骗和反欺骗中水涨船高进化出来的。我们不需要对这个问题进行辩论，只要列举几个场景，大家可以如实地反思自己的选择。

当买方求着你卖某种东西给他时，你会不会倾向于卖得贵一些？或者在没有竞争对手的情况下，你会不会把东西卖得更贵？

如果偷工减料不被识破，你会不会偷工减料以节省成本？

为什么机场里面的餐厅通常都很难吃，而且价格昂贵？这其实不是昂贵租金的成本转移，而是这些餐厅从来不指望有回头客，能成交一次就成交一次。

市场经济基本上永远是买方市场，永远供大于求，买方的武器是货比三家，引入竞争；卖方的优势则是掌握更多的产品信息。于是，买卖双方的博弈要点是买方想了解更多的真实信息，卖方则要打败竞争对手。**传播信息是为了获取买方的信任，甚至希望通过信息轰炸获取买方超额的信任，以利于成交。**

由于形成交易需要信任，卖方的努力都是为了解决信任问题，市场为此进化出了复杂的机制。

第一，竞争。卖方想尽量卖高价，买方想通过货比三家了解产品的性价比，于是卖方之间就形成了竞争。竞争是抑制卖方欺骗最有效、最普遍的手段，它消灭了一大半的卖方欺骗。

第二，期待重复交易。依赖回头客的餐厅明显比机场餐厅更有性价比，其饭菜质量更符合预期。而开在机场的麦当劳餐厅往往比没有名气的街头面馆靠谱，因为大厂商的品质控制通常更严格，毕竟一旦出现质量和信誉问题，大厂商受到的负面影响会比较大。

第三，展示案例。所有的销售者都会向目标顾客展示成功案例。马云说，原则上淘宝的假货比实体店要少，因为淘宝上可以看到此前购买者的评价。马云说得有道理，但他没有说另外一面，即网络无法展示实物，展示实物是鉴别大部分商品品质最主要的方法。买方天然怀疑卖方，但相信其他消费者，所以，人们常说吃饭要找人多的地方。有的卖方利用买方这种心理，用"托儿"或自买自卖伪造成交等方式烘托人气。

在销售中，谁能让用户相信，谁就会成功。至于让用户相信的方法，销售员有技巧，公司有套路，行业有规律。

下面我们重点介绍如何从行业规律的角度认识信任，因为行业规律是公司套路的基础，且能让销售员积累经验、提升能力。

大众产品

往细了说，每种产品获取用户信任的方法都是不同的。粗一点说，面向个人的产品和面向企业的产品是不同的。从销售过程上看，前者只能广而告之，后者通常需要面对面的沟通。广而告之的产品销量大，单件价格低；面对面销售的产品订单少，每单价格较高。

许多人急于获取用户信任，却没有等待用户信任的耐心。前面我们提到过乐 Phone 和华为手机的案例。

在 2010 年推出的乐 Phone 是联想很认真做的一款手机，但是其没打开销路的主要原因是产品质量没达到让消费者相信的程度，且信息传播的时间积累还不够。当时，联想是国内手机市场占有率第一的厂商，但机型都集中在低端，通过运营商捆绑销售。要知道，想从低端爬升到高端不是那么容易的。

作为对比，华为发布第一款高端手机的时间是 2012 年初，销量也不好。接着华为发布了一系列高端手机，均不成功。直到 2014 年 9 月 7 日，华为发布了 Mate 7 才获得成功。在相当长的时间里，Mate 7 在市场上一机难求。

联想被一次失败打败，华为则屡败屡战。柳传志非常爱说"复盘"这个词，假如我们复盘一下联想乐 Phone 手机，可以得到这样的教训：

　　不要浅尝辄止，要愈挫弥坚，要有苏武牧羊式的韧性；在产品能够获得用户信任的情况下，再发力推广。

　　信息传播需要能量，也需要时间。许多品质不错的产品却卖不好是因为信息量不够，坚持得也不够久。就像凡·高，他35岁就去世了，生前穷困潦倒，没有卖出去一幅画，死后却追捧者如云，他没有活到他的画作被认可的那一天。有一些情况下，我们没有获得用户信任是因为产品准备不够，没有达到能获得用户信任的标准。

　　2017年，有一家叫"喜茶"的饮料连锁店爆红，许多门店都出现了排队购买的情况。2012年，这家店起源于广东江门——广东省一个不出名的三线城市，地区GDP仅列广东第9名。在江门的店火了之后，喜茶首先扩张到中山市市中心，但是反响平平。创始人聂云宸调整了策略，将店开到中山靠近江门的地方，那地方有一些江门人往来，很快这家店被江门人带旺，聂云宸也由此找到了靠人脉带动销售的扩张路径。其实，这是餐饮行业的常规扩张套路，餐饮总是在家乡人的带动下火起来，哪个地方劳动力输出多，哪种菜系就能随之扩张到很多地方。不做广告的"老干妈"辣酱就是找到了靠卡车司机带动产品销售的途径——卡车司机聚集在一起吃饭，会分享辣酱，不断制造传播效应。

　　后来，喜茶引爆了舆论传播效应，便不再受熟客引导模式约束。2017年2月，喜茶走出广东，把店开到了上海，企业知名度越来越高。

聂云宸在回忆喜茶的发展历程时说，这个品牌起源于小城市是有好处的，因为火得不迅速就可以慢慢地打磨产品的细节。

本书前面也提到，当前关于产品准备有两种做法。一种做法是憋大招，不轻易出手，一出手就要一鸣惊人。另外一种做法是急着赚钱，在产品还很粗糙时就强力推广。正确的方法是采取中庸之道，前慢后快。许多产品不经过用户使用，生产者根本无法知道什么是用户真正需要的。**对于主观性判断强的产品来说，上市销售是打磨产品的必要步骤。**

在产品没有被打磨好之前，营销过分用力，有可能会得罪太多用户，造成负面影响。有时产品打磨得太粗糙，用户不但不可能再次购买，还会到处传播产品的坏话。中国许多产品都栽在这上面，不是营销不行，而是营销过于生猛，产品还没有达到能够赢得用户信任的程度就大面积推广。

有些复杂产品，如手机、汽车等，厂商测试是很严格的，尤其是大型厂商。但即使如此，许多问题要在实际使用中才会发现，而一旦出现严重的质量问题，对品牌伤害极大。

三星 Galaxy Note 7 于北京时间 2016 年 8 月 2 日 23 时在美国纽约、英国伦敦、巴西里约同步发布。销售之后，陆续发生了一些手机爆炸事件。2016 年 10 月 5 日上午，美国"临界点"科技新闻网站（The Verge）援引美国西南航空公司发言人的话报道，指出该航空公司旗下一架航班号为 994 的客机发生火灾，起因是一部三星 Note 7 手机冒烟起火，所幸全部乘客和机组人员及时疏散，没有造成伤亡。2016 年 10 月 10 日，韩国三星电子决定暂停 Note 7 手机的生产。

三星手机全球市场占有率近四分之一，其测试程序肯定相当严格，尚且会出现这种问题，所以做好产品绝非易事。

2B 产品和 2C 产品

众所周知，2B 产品的销售门槛要比 2C 产品高一些。俗话说，"没有不开张的油盐店"，意思是只要你摆个摊，总能卖出去一些东西。

但是，摆摊容易，做大生意难。2C 产品的销售是两个极端——小打小闹的小生意和席卷大众的大买卖，前者较为简单，后者极难。

2B 产品的销售则处于中间位置，由于需要面对面进行复杂沟通，对销售经理的要求会高一些，销售套路也比较深。有人说，销售 2C 产品的钱花在广告上，销售 2B 产品的钱则花在客户经理和公关上，这有一定的道理。

华为最核心的通信设备是极难销售的产品之一。通信设备是电信运营商的生产工具，其重要性不言而喻。通信设备连接起来，组成网络，一旦发生故障，影响巨大，所以电信运营商对设备的可靠性要求很高。由于网状的结构和不完全开放的特点，不同厂商设备存在兼容性障碍，各种情况累加起来对后进入该行业者是非常不利的。

这样的产品如何取得用户的信任呢？

基本方法就像卖西瓜一样，先尝后买。所有的信任都是一步步提升的，从微小的事情开始，一步步地建立能够支撑巨大交易的信任。

广为流传的故事、寓言一般都是因为它非常生动地说明了一个有启发性的道理。马西亚·布朗根据法国民家故事，改编成一本图画故事书叫《石头汤》，说出了获取他人信任的方法。

《石头汤》说的是一个穷人到一个富人家中乞讨，富人家的厨娘命令他立即离开。穷人立刻装出一副可怜的样子，恳求说："我可不可以在厨房的炉子上烤烤衣服？"

厨娘动了恻隐之心，把他放了进来。穷人的身体暖和了起来。他对厨娘说："您能不能把小锅借给我，让我煮些石头汤喝？"

石头还能煮汤？厨娘的好奇心顿时被勾了起来。为了看他怎样煮石头汤，厨娘把锅借给了他。

穷人马上找了一块石头，放在锅里煮了起来。刚煮了一会儿，又请求说："麻烦您再给我加点盐好吗？"厨娘又给了他一些盐。接下来，穷人又要来了香菜、薄荷。最后，厨娘还把一些碎肉末放到了汤里。

汤煮好了，穷人把石头从锅里捞出来扔掉，美滋滋地喝起了这锅"石头汤"。

华为就是按照"煮石头汤"的方法销售通信设备的。像所有后发者一样，华为刚起步时设备问题多，技术也比较落后，因此需要一步步地获取用户的信任，获得市场份额。

华为"煮石头汤"的方法是多层次、多路径的。在拓展步骤上，先农村再县城，再是城市，最后有计划、有目标地走向核心城市；在设备部署上，先边缘后核心；在取得电信公司信任上，有实验局、鉴定会、样板点、老用户现身讲解等丰富的进攻套路；在夺取阵地上，有免费搬迁对手老旧设备、赠送设备等具体方法。

华为的销售打法没有什么秘密，过人之处在于每个步骤都做得非常精细，战略步骤、计划制订、目标牵引也特别准确，总能一步一步地实现向战略高地进军的目的。

第二节　品牌就是相信

让用户相信一种产品，需要什么样的条件呢？以下三个条件可以概括。

时间因素：小朋友去上幼儿园，周边都是陌生的小朋友，开始很不习惯，需要 1 个多月的时间才会熟悉。我们去新的环境上中学、上大学、上班，也需要 1 个多月的时间才能与周围的人熟络，这是源于本性的生物法则。用户购买商品是人对物的关系。有人总结要经过七次传播才能让用户相信产品，这只是一种说法，不同商品、不同的人有很大的差异。在现代社会，人群组合变动频繁，商品传播手段丰富，人们接受陌生人和陌生产品的时间变短了，但生物法则仍然适用，尤其是 2B 行业的销售中，销售员熟悉用户是基本条件，最简单的 2B 项目也要几个月才能成交。

环境因素：厂商想赚钱，用户不相信厂商，但会相信环境对产品的评价，比如其他用户的评价、产品的品牌、销售现场的人气，等等。

入门门槛：用户有购买新产品的需求，但希望将风险降低，所以，用户会尝试性地购买少量新产品，或者购买不重要的低价产品。华为就是很好地掌握了降低购买门槛以逐渐打开市场的套路。

在这里，我们探讨一下环境因素中的品牌。品牌是一个可操作性的词，关于品牌，人们有各种各样的说法，人人都知道什么是品牌，只是解释各有不同。

有人说，品牌就是把一样的东西卖得更贵。有人说，品牌就是信息不对称。《营销管理》的作者菲利普·科特勒说："品牌就是一个名字、称谓、符号或设计，或是上述的总和，其目的是使自己的产品或服务有别于其他竞争者。""广告教父"大卫·奥格威（David Ogilvy）说："品牌是一种错综复杂的象征，它是品牌属性、名称、包装、价格、历史、声誉、广告风格的无形组合。"《定位》的作者艾·里斯和杰克·特劳特说："品牌就是代表某个品类的名字，当消费者有相应需求时，立即想到这个名字，才算真正建立了品牌。"乔布斯说过，品牌就是信任（A brand is simply trust）。

　　人人都知道的概念，反而没有标准定义，也没有必要去追求标准定义。

　　作为商家，对品牌的理解代表了努力的方向，定义的作用就在于此。你认为品牌就是卖得贵，就会想方设法把产品卖得更贵；你认为品牌是故事，就会想方设法给品牌塑造故事。

品牌的起源

　　标准的说法是，品牌起源于马身上的烙印，我们不对这个做无意义的考证，我们主要看重的是品牌之于厂商的意义。

　　在农业社会中，人们自给自足，产品基本上没有品牌。品牌是工业社会的产物，工业社会的特征是产品种类多，交易范围扩大，相同的产品太多，总得起个名字，随着时间的沉积，每个品名代表的产品就会给人一种印象，这些印象又反过来引导顾客购买，于是品牌的概念逐渐就形成了。

品牌的概念形成之后，就会引导用户购买商品。大家发现品牌的作用之后，就会研究怎样才能更好地促成一个品牌。这是从实践到理论的总结，并反过来再指导人们的实践。

历史上已经产生了许许多多有关品牌的理论，总体来说，比较有用又常见的主张包括：从需求上理解品牌，即你的产品到底满足了用户哪方面的需求；从品牌组成要素上说，品牌包括知名度、美誉度、忠诚度；从塑造品牌的方法上说，有广告、直接沟通、公关，等等。

其实，所有有助于用户记住并选择产品的活动，不牵强地说，都是品牌活动的一部分。有效的销售一定会塑造品牌，真正的品牌也一定会促进销售。

品牌就是让用户相信

如果用铁三角模型更简洁地定义一下品牌，那么，**品牌就是让用户相信**。

一个奢侈品背包，加工成本是 100 元，销售价格是 10000元，后者是前者的 100 倍，这是因为厂商想尽各种办法，让顾客相信花 10000 元购买这个包是值得的。

好市多（Costco）是一家会员制的超市，它的经营方法是精挑细选，虽然商品品种较少，但是质量比较有保障且价格便宜。它承诺任何一件商品加价率不高于 14%，并且只为会员服务。这种做法让顾客知道，在好市多购买的东西肯定是物美价廉的。

老干妈辣酱从来不打广告，它独特的产品特性和营销套路获得了许多消费者的青睐。顾客在超市中将"老干妈"放进购物车时，知道自己买的是什么味道的辣酱，这也是品牌。

根据需求的不同，有些人相信便宜的商品，有些人相信昂贵的商品；有人相信实用，有人追求时尚；有人相信便宜没好货，有人相信物美价廉。需求的多样性是品牌多样性的根基，市场的一部分功能就是发现需求，谁发现了某种需求，并且让顾客相信其产品能满足该需求，谁就建立起了品牌。

假设消费者完全知晓产品的信息，品牌的意义就很小；如果消费者无法明确知晓产品信息，就会通过品牌去判断产品。这看似感性，实则是理性决策。

所有行业内的大厂商几乎都会突出宣传自己规模很大，这一点对促成消费者购买是有效的。厂商规模大和促成购买有什么关系？其内在逻辑是厂商规模越大，质量事故造成的损失就越大，所以大厂商的品控一定比小厂商更严格。消费者一般并不深思这个问题，仅凭直觉做出的决策其实是合理的。

有一次，我带了一部小厂商的手机和一部大厂商的手机去美国。到了之后，我发现小厂商手机经常连接不上宾馆的Wi-Fi，而大厂商的手机没有出现这个问题。原因不难想象，小厂商手机出货量小，无法拿很多钱做特别多的兼容性测试。

大厂商手机就必须做更多的兼容性测试，万一在一个地方、一种场景下出现质量问题，现在发达的传播手段就会扩大负面影响。所以，大厂商宁可推出产品慢一点，花钱多一点，也要尽量将产品质量做好。

华为在小公司时期，产品质量把关是不严格的，用户使用就是华为的产品测试。为了尽早地占领市场，当时华为的产品往往没有经过严格测试就推向市场，研发人员经常到用户机房去现场"救火"，解决各种质量问题。随着公司规模的扩大，华为的产品出厂标准越来越严格。

大厂商的产品应该质量更好，这个道理挺浅显的。许多公司的产品销量巨大却还按过时的标准生产，容易出现产品质量问题。比如，在功能机时期，TCL手机曾经做到国内第一，市场占有率接近15%，但最后因为质量问题遭到口诛笔伐，迅速被市场抛弃。

销售的所有努力都是为了让用户相信

"现代管理之父"彼得·德鲁克说过这样一句话："营销就是让推销成为多余。"细究起来，低价值产品的营销能做到这一点，高价值的复杂产品，无论怎么营销，就算品牌非常强大，只要不是垄断产品，都无法让推销成为多余。用户购买某种产品是综合比较多种信息后做出的选择，品牌是促成信任的因素之一，不是全部。

许多准备塑造品牌的厂商犯的最常见的一个错误是不知道该让用户相信什么。

前几年互联网热潮时期，各行各业都准备嫁接互联网，有一家做煎饼的餐饮企业抓住了机遇，其炒作手段被当作商业案例传播。不过，许多吃过这家煎饼的人说煎饼并不好吃。这家企业的回应是"做餐饮不一定要好吃"。显然，这很荒谬，脱离了产品本质谈品牌是不可能的。有人常说，麦当劳的汉堡并不是最好的，但论性价比，吃过很多汉堡之后，就发现做汉堡要超过麦当劳并非易事。

世间有各种各样的品牌，但没有什么品牌以质量低劣著称。质量过关的产品不一定有品牌，但质量低劣的产品一定没有品牌。

就像我们在讲产品力和营销力时所说的，销售首先要靠营销力推向市场，捕获第一拨用户，但想要长久，则要靠产品力。用户在使用了产品之后，就有了对产品最真实的认知，这种认知比各种说服都有力量，只有产品本身的说服力才能让销售变得容易，营销成本才会降低。

尽管有许多以低价为策略的品牌，但大多数品牌产品的价格要高于非品牌产品，因为塑造品牌、维系品牌本身就需要许多成本。

可口可乐和百事可乐是多年盘踞饮料行业品牌前两位的

企业，2017 年，它们在中国区共销售了价值 800 多亿元的可乐，但两家的盈利一共只有 16 亿元，约占 2%。为了维系销售，它们不敢将可乐的价格定高，而且还要经常进行优惠促销、打广告。

奢侈品公司为了维持产品高昂的售价，必须投入大量的营销费用，同时又要忍受较小的销量。在经济不景气的年份，顶级奢侈品经营公司发生亏损也是常有的事。

第三节　是否应该追求品牌溢价

《自私的基因》中有一章的标题是"你为我搔痒，我就骑在你头上"。商业也是如此。顾客相信你，你就倾向于涨价。这就是品牌溢价的来源。

世界上的产品可以分成两种：一种像钢铁、洗衣粉、化工原料等，不同品牌之间基本上没有溢价可言；另一种像瑞士手表、珠宝、奢侈品手袋等，虽然大家都知道花费更少的钱可以买到仿制品，但仍然会为品牌溢价掏钱。

这两种类型的产品在营销运作模式上是完全不同的，许多人都发现了这一点，但人们从未给这两种类型的产品专门命名。当外国人说一种类型的产品丧失品牌溢价时，他们会使用"商品化"这个词，这个词很不准确，因为可以销售的东西都是商品。

在本书里，我们将第一种类型的产品叫作 **"功能型产品"** ，即没有品牌溢价，只满足使用功能的产品；第二种类型的产品叫作 **"非功能型产品"** ，即能够获得品牌溢价的产品。

厂商想通过销售产品赚钱，也想树立品牌获得品牌溢价，但对于什么品类的产品能获得品牌溢价并不清楚。那么，我们该如何对产品类型进行判断呢？

第一，它能不能完全用量化的指标来描述？

一个产品如果能用量化的指标来描述，用户就会用指标判断产品，而不需要通过品牌信息筛选产品。乔布斯说比拼指标是没有前途的，意思就是比拼指标的产品无法塑造品牌溢价，因为即使指标暂时高于对手，也很快会被对手超越。这种竞赛是一种终生鏖战，非常艰苦，要赚到钱极难。

在《发现利润区》一书中，作者亚德里安·斯莱沃斯基（Adrian J. Slywotzky）举例说，计算机内存和硬盘的生产要求极高，生产线价值数十亿美元，厂房需要一尘不染，制造精度极高，但厂商却赚不到钱。因为这些产品按指标兜售，完全无法树立品牌。

说内存和硬盘无法树立品牌是对的，但若说无品牌就无利润则是不正确的。2016 年，三星的内存芯片产品赚了大钱，因为它垄断了这个行业的供应。品牌溢价是一种很好的赚钱手段，却不是唯一的赚钱手段。

那些能够获得品牌溢价的产品品类，基本上都是无法用指标描述的。有些产品虽然能用指标描述，用户却不会根据指标做出判断。乔布斯创造了体验式营销的概念——体验这东西没法量化。雷军则开了比拼手机指标的先河，因为雷军想通过性价比冲击市场，如果用户用内存、芯片跑分、照相机像素等指标衡量产品，苹果手机的溢价将不复存在。

　　20世纪90年代之前的计算机品牌溢价是比较高的，后来受到指标化的持续冲击，品牌的溢价越来越低。IBM由于无法获得较高的毛利支撑运作，就退出了这个行业。

　　第二，它是否具有社交道具的性质？

　　从销售属性上看，手机和计算机的区别是什么？

　　这是华为在2011年决定做手机时考虑的关键问题之一。当时的问题描述是："手机会不会PC化？"对于华为这种高成本结构的公司而言，如果手机像计算机一样，做不出品牌溢价来，公司就很难在这个行业生存。

　　当时我们认为在相当长的时间里，手机不会PC化，原因是那时多数计算机不便于随身携带，不是外显性产品，而手机是外显性产品。也就是说，人们会随身携带手机，吃饭时会把手机放到桌子上。我们可能不知道别人用的是什么牌子的计算机，但很可能知道他用的是什么手机。

　　所有能随身携带的东西基本上都有品牌溢价。正如电影《一个字头的诞生》中，大宝劝黄阿狗入伙的台词："你什么来头？我什么来头？我戴的是劳力士金表，眼镜是卡地亚的，上面 Armani（阿玛尼），下面 Versace（范思哲），Calvin Klein（卡尔文·克莱恩）内裤。你呢？"

能随身携带的产品有两个特点：第一，贴近身体，会让人产生亲近感，或让人产生提高该产品质量的内在需求；第二，可以让别人看到、知道，起到彰显身份的作用。

从物理形态上说，手机就是一个缩小的计算机，手机的技术含量和功能跟计算机很相似。计算机丧失了品牌溢价能力很大程度上归结于它不是外显性产品，随着产品质量普遍得到保障，品牌的溢价能力逐渐丧失了。许多家电产品也是如此，起初有品牌溢价，后来品牌的溢价能力都逐步丧失了。

20 世纪 80 年代，日本的石英表在走时准确方面彻底碾压机械表，这曾经造成瑞士手表行业的巨大惶恐。毕竟此前瑞士手表以走时准确为重要卖点。后来，历史证明这完全是虚惊一场，人们还是照样购买瑞士手表。其实，像汽车、照相机甚至住房等产品，除了固有的功能之外，均可以是社交的道具。

第三，它是零部件还是整体？

零部件不容易有品牌溢价。因为零部件是 2B 产品，采购零部件的是厂商，它会按理性法则采购，不会有太多情感方面的溢价。

奔驰销售汽车，也销售发动机，但它的发动机价格并不昂贵。苹果并不会因为它的手机卖得贵就给零部件供应商更多的钱。通常工业品的品牌属性比个人消费品要弱很多。

第四，它是否具有可谈论性？

有些产品是人们会谈论的，这样的产品一般都会获得品牌溢价。有些产品是沉默的，人们只是默默地使用它们，却从不谈论，这种产品通常难以获得品牌溢价。

可谈论性也是做营销的一个重要支撑点，电视媒体时代，硬广是唯一的广告。互联网上人人都可以发布信息，商品越是具有可谈论性，厂商操作空间、做软广的机会就越大。小米成立前三年都没有做过硬广，一样火起来了，因为手机具有可谈论性，如果做没有话题性的产品就很难挖掘出免费的流量。

第四节　销售晋级三阶段

如果是非著名厂商生产的一辆新型车，怎样才能让顾客购买呢？

最主要的武器只有两个：第一，低价。这个信息是最容易传达的，它实质性地出让了利益，所以价格战往往很有效，低价进入市场是通行做法；第二，店员面对面地强力推销。

一辆非著名厂商的车进入市场后，如果性价比不错，它慢慢会获得一些口碑，知道它的消费者越来越多，愿意买这种车的人越来越多，促成交易的因素越来越多……谁能促成这种积累效应，谁的车就会越卖越好卖。

　　销售的第一阶段就是苦苦"死磕"，有了一定的基础就进入了良性循环，最后会形成一种势能，顾客会主动购买你的产品，这就是销售上升的三个阶段。

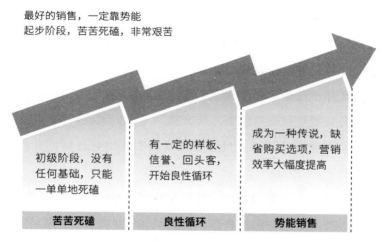

信息销售晋级三阶段

　　前期的销售如果能为后面的销售奠定一定的基础，销售就会加速成长，否则就会停止生长。这个道理很简单，却没有多少人在生意中会经营好这一点。**会销售的、有技能的人有饭吃；而会积累的人才会吃一碗好饭，事情才会做得大。**

　　1997 年，我来华为之前，在其他公司做销售的时候，为公司拿下了一个高校的校园网项目。当时第一批校园网建设如火如荼，各个高校都在做。我拿下的这个校园网项目正是第一批，也是全国第二个开通的 ATM 校园网的项目。在项目交付完毕后，用户很满意。但是接下来，我却接二连三"丢"掉了四五个这样的校园网项目，这里面有运气成分，有我的销售能力问题，也有公司的销售能力的问题。

后来，我去了华为，才知道如果拿下了一个校园网项目，交付后用户也满意，应该顺势搞一个现场发布会。我之前所在的公司是中科院下属的公司，请院士之类的大腕站台不难，如果让他们为该项目背书，再请一些目标客户到现场参观，宣传公司的项目服务能力，那么接下来我们就能够拿下更多的校园网建设项目。只可惜当时我却不知道有这样的套路，而这就是套路的威力。

我在原来那家公司时，没有想到好办法利用前期销售的基础。我虽然也会跟新项目相关人员和新客户介绍我们已经成功实施的校园网项目，有时也会带他们去参观一下，让他们和我做的那家校园网的主管人员交流，然而，我所做的还远远不够，没有充分挖掘前期销售的价值。我做的这些，竞争对手也会做，并且大部分都比我做得更好。

华为的销售人员就不一样了，他们会主动地、积极地、充分地挖掘前期销售的价值，这是华为能够获得指数增长最关键的秘密。

在华为的销售用语中，有"机会窗""市场突破""市场格局""战略高地"等专有名词，以描述不同的销售时机，这使华为的销售能够步步为营。

有一次，我与一位从华为出来的创业者交流。他的公司已经开了将近 8 年。按理说，老板是华为的销售高手出身，这家公司的销售能力应该很强，然而实际上公司每年的销售额只有不到 4000 万元，远未到市场空间的天花板，成了小老公司。

我问他："你做了这么多年，有多少案例印成了宣传彩页？"他告诉我："一个都没有，有的只是各种机构颁发的证书。"他甚至不能很好地、详细地介绍一些成功案例。

我接触过很多小公司，它们的一个共同特点就是销售没有积累，前期销售不能给后面的销售带来势能，就会像我们前面提到的卖车一样，每一单都要靠销售员去"死磕"，这样的销售当然是很难成长的。如果前期销售不能让后面的销售更容易，那么公司就始终在低效模式下运行。

新成立的部门，销售的产品就是通过电话线拨号上网的设备 A8010，业内叫作接入服务器。我入职的时候，这个部门成立了半年，有 40 多人，却没有销售业绩。那时，我们部门销售的设备已经快成熟，销售开始勃发，起初是几十端口、几百端口地卖，后来每单都是几千端口、上万端口的量。两年之后，我们设备的市场占有率达到了90%，单款设备销售额达到 10 亿元，这数字相对华为当时的规模而言，已经是非常大的量，接入服务器也是华为短时间内迅猛爆发的产品之一。

华为起家于通信设备行业，养成了擅长打硬仗、有战略、有耐心的气质。后来华为做成了手机和其他许多业务，这种屡败屡战、坚韧不拔的气质起到了非常关键的作用。

柳传志曾拿登珠峰打比方，说联想选择了南坡，而华为选择的是难度大、危险性高的北坡。

现在商业潮流就是追求爆款，大家想要一夜暴富，但这是不符合商业规律的。如果企业能缓慢起步、迅速成长，就必将大放异彩。

广东省在很早之前就是华为公司第一大"产粮区"，现在广东省的年销售额在 300 亿元左右。但华为最早的主打产品突破广州市用了整整 8 年的时间。俄罗斯是华为最早开拓的海外市场，华为在那里做了 3 年才形成第一单销售，且只有38 美元。

搞销售要想搞得好，就是要追求指数增长，"不怕慢，就怕站（停止）"。任正非经常讲："我们既要产粮食，又要增加土地肥力。"增加土地的肥力就是积累势能，只有当前的销售能为后面的销售储备能量，后面的销售才会上规模，才会变得容易。

互联网有自传播、炒作传播的可能性。一夜成名、一夜暴富比过去缺乏这种传播手段时更容易、可能性更大。然而，我们必须知道，这是个别现象，是极小概率事件。数学规律限制了大量一夜成名的可能性。

正常情况下，销售成长都会经历苦苦"死磕"、良性循环、势能销售三个阶段。

所谓苦苦"死磕"，就是每单都要费力推销，因为没有别的因素促成你的销售。用户对你的产品充满怀疑和抗拒，这是可以理解的，因为用户购买一个新产品是要冒风险的。良性循环的主要标志是有了一定的老客户重购，这就证明了产品有一定的竞争力，至少有一部分用户是满意的，良性循环也是确认产品价值的一个标志。据说获得一个新客户的成本是维护一个老客户的 5 倍——"5"这个数字不必较真，但让客户重购肯定比获得新客户要容易许多。而势能销售就是新客户也慕名而来，这就让销售规模增长极其迅速，销售效率极高。

一家新创立的公司或者一家成熟公司进入一个新市场，销售一般都要从苦苦"死磕"做起。人与人之间的交易是从怀疑开始的，销售员去"扫楼"会被保安拒之门外。这是事实，也非常合理，不要抱怨。销售应该诚实地问问自己：如果顾客轻易相信你，你是否会欺骗顾客？比如，夸大产品的优点、隐瞒产品的缺陷、卖高价，等等。在销售的第一阶段，我们需要用尽各种办法，战胜重重困难，才有可能实现一些销售。

　　良性循环的标志就是有许多顾客重复购买。只有当顾客已经用过了某款产品或者服务，并且是满意的，那么再有需要时他就会重复购买。后面同样是销售产品，但比第一阶段容易许多，这就是销售的良性循环。

　　势能营销就是产品有了品牌，有强大的号召力。以前都是我们找客户，到了这个阶段，陌生的客户也会找我们，这样销售将会实现巨大增长。

　　公司销售就是要追求这三个阶段的跨越。如果我们始终处在第一阶段，不断地"死磕"一个个订单，这样的销售太苦太累；第二阶段销售进入良性循环，大量订单来自回头客，销售相对容易了许多，这样的状态就是小康生意；到了第三阶段，销售已经建立起了势能，新顾客会顺着口碑找上门来，这时的销售就会变得非常容易。